他們眼中的陳維滄

陳維滄

陳維滄——攝影

川流文化教育基金會——彙編

目 錄
CONTENTS

006　|自序|
　　　一生為夢想而活　／陳維滄

010　|Part-1|美好序曲 由此展開
《夢想南極》
012　為什麼二度去南極　／陳維滄
014　行遍天下 精彩痛快　／徐仁修
016　來自冰雪的沸騰　／陳維滄
018　精選迴響

《那些極境教我的事》
021　人生的三種境界　／蔡志忠
022　美到極致就只是一聲歎息　／李偉文
024　行行覓覓，抓住了什麼？　／陳維滄
027　精選迴響

《看見真實的北極》
029　不老攝影家的瞬間驚奇　／胡元輝
031　值得學習的極地壯遊精神　／江秀真
033　鏡頭瞬間，凝神一剎的停格　／劉克襄
034　我得了「極地遠征症候群」　／陳維滄
036　面對大自然 更謙卑　／陳維滄
039　感動佳評
042　精選迴響

《旅行中看見真善美》

046　關懷地球　陳維滄真善美的主軸　／張國恩

048　知識來自書本　視野取於旅行　／王茂駿

050　從《珍藏最愛第一聲》到《旅行中看見真善美》　／楊朝棟

052　旅遊俠客陳維滄　／陳若曦

054　不言之中有言　有言之中不言　／胡元輝

056　攝影眼　慈悲心　／洪銘水

058　他山之石，可以攻錯──關於深度旅行之我見我思　／陳維滄

060　精選迴響

《縱橫極地》

063　好命人　／張曉風

065　慧眼獨具──上山下海入絕境　陳維滄攝影集獨樹一格　／謝登元

067　Most grateful　有你們真好！　／陳瑞賓

069　精選迴響

《鶴采》

071　漂泊追鶴　／楊恩生

073　鶴采　喝采　／劉月梅

075　天涯追鶴行　／陳維滄

077　為鶴鳥留影　向大自然致敬　／姜捷

079　精選迴響

《寰羽》

082　陳維滄的羽族之愛　／黃碧端

084　用心靈之眼　追尋鳥的故鄉　／李偉文

3

087　與鳥共存的和諧世界　／陳維滄

090　從《鶴采》到《寰羽》　／姜捷

092　精選迴響

《飛鴻雪泥》

094　飛鴻雪泥　／陳維滄

096　精選迴響

《魅力非洲》

097　魅力之外　／陳瑞賓

100　空中遊獵 空拍震撼　／陳維滄

102　精選迴響

《雪泥鴻爪》

104　有愛，不覺天涯遠！　／陳維滄

106　精選迴響

108　**| Part-2 | 媒體形象 獨樹一格**

110　書寫陳維滄──他永遠快了一步　／黃嘉光

114　極地之旅 陳維滄對生命價值體悟更深　／張淑伶

117　陳維滄 背著相機勇闖痲瘋村　／張平宜

122　陳維滄的人生壯遊　／李采洪

126　極境　／翁翁

129　陳維滄 極地拍出真善美　／吳垠慧

132　極地 深沉的召喚　／周慧珠

135　不只是朝聖　／妙蘊法師

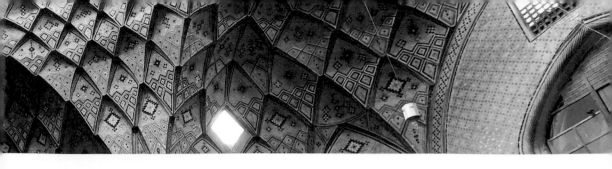

137　極境有大美 看見真實的夢幻影像 ／Seymour

141　真正的喜悅 是心裡會笑 ／長毛

146　陳維滄 人生下半場 ／謝登元

150　極境壯遊不怕老 長征人生無極地 ／楊語芸

155　雪泥鴻爪 幸福閱讀 ／姜捷

158　不老攝影家陳維滄──壯遊中定格天地大美、人性光輝 ／曹麗蕙

161　回應來自心靈與自然召喚的行者 ／李偉文

164　悠遊天地間的樂活老頑童 ／張志慧

167　教育藝術家──陳維滄與兒童哲學 ／楊茂秀

169　從SARS談危機管理──「變」是不變的真理 ／陳建明

172　│ **Part-3** │ **精彩講座 超前部署**

174　極地壯遊 築夢圓夢 ／地點：深圳中心書城

182　成大演講實錄：旅行中遇見真・善・美

　　　　　　　　　《精英的十三堂課》之 ⑫ ／地點：國立成功大學　文：謝登元

198　王文華專訪老頑童陳維滄 ／地點：台北市人文空間

205　高劭宜專訪不老探險家陳維滄 ／地點：愛樂電台

212　│ **Part-4** │ **創刊珍品 嘉惠東海**

214　一直追夢的老頑童 ／江羚瑜

220　珍藏最愛第一聲──台灣雜誌創刊號校慶特展開幕活動 ／王雅萍

223　踏出自身之外──《旅行中看見真善美》讀後感 ／高鈺軒

227　實錄直書 識見卓絕──《旅行中看見真善美》讀記 ／吳福助

235　後記 ／謝登元

| 自序 |

一生為夢想而活

文／陳維滄

星雲大師在《佛光菜根譚》說：
「一等根器的人，憑著崇高的理想而行事。」
「二等根器的人，憑著常識經驗而工作。」
「三等根器的人，憑著自己的需要而生活。」
「劣等根器的人，憑著損人利己而苟存。」

今年86歲的我，一路走來，始終在追逐夢想！這樣的性格其來有自，我在出生3個月後，母親為了追夢，毅然決然地到東京昭和女子藥專（今昭和醫藥大學）深造，我被送到南投縣名間鄉，給阿姨們輪流照顧。

我的父親是個默默行善的好人，在他往生後，兒女們才從埔里鎮公所那兒得知，幾十年來，他把每個月學校的配給白米、食油全都捐獻幫助弱勢；也許是承襲了父親樂善好施的基因，我從創業開始，便與妻子在神明前發誓，經營事業有成，必按盈餘比例撥捐給慈善公益，以落實「無緣大慈，同體大悲」的精神。

值得慶幸的是，我所創立的谷威公司，26位創始員工都很有向心力，在大家的努力下，我們名列「台灣十大禮品業之先進模範機構」，並奇蹟式地創造了9億元營業額；也曾獲得財政部表揚為「績優營業人」，特頒榮譽證，得享進出國門時，行李快速通關的禮遇。當時，資深媒體人郝明義主編的《2000雜誌》，還以封面故事大篇幅介紹谷威為「出口業的貿易小巨人」！除了在行銷與管理上建立SOP，也以創意設計全彩DM來徵才，讓有夢想的年輕人能認識公司，放心地以公司為家，攜手共同成就夢想。同時，創辦了中英對照的《谷威人》刊物，形塑公司企業文化，也建構全體員工、供應商、客

戶之間的溝通橋梁。

　　50歲那年,我見好就收,離開職場,去追求人生更高的精神層次,尋尋覓覓心靈的導師,期望找到人生真正的意義,實現我修己、利他、服務的理想;在1982年成立財團法人耕雲禪學基金會,創辦《中華禪學》雜誌,擔任發行人,以弘揚禪宗;甚至不惜拋售在台北市大安區安和路二段的東帝士花園房屋,換取購置台北市新生南路的「新象大樓」頂樓21樓,成立120坪道場,供「禪學會」無償使用,自己寧可租房過日,長達7年。

　　在那出版界高喊著「你要害一個，就勸他去辦雜誌」的年代，我堅持創辦了《中華禪學》雜誌，創刊號和第2期甫一發行就被索閱一空，形成雜誌界罕見地再版。多年之後，我在台灣政治大學演講及北京社科院的圖書館參訪時，發現這兩大學術名校竟然都收藏了一整套的《中華禪學》，讓我欣慰不已。

　　在東海大學就讀時期，我觀察到基督教善用福音和聖歌傳教；因此，在推廣安祥禪時，也想到運用佛樂推廣禪學，於是成立了有76位團員的安祥合唱團，從《金剛經》、《六祖壇經》摘句，邀請作曲大師黃友棣譜曲，耕雲導師也針對合唱團量身打造，填詞作曲了〈安祥〉、〈自性歌〉等歌；並邀請樂壇首屈一指的國立實驗合唱團總指揮戴金泉、台灣省立交響樂團團長陳澄雄擔任合唱團顧問。1994年，應邀參加北京第三屆國際合唱節，登上北京音樂廳演出，成為兩岸開放後，台灣第一個獲邀前往北京演唱的合唱團，也促成安祥合唱團與北京合唱團締結金蘭，姊妹兩團聯歡演唱，彼此觀摩學習。

　　值得一提的是，我們在中國大陸弘揚禪學也成果豐碩；耕雲導師曾應「中國佛教會」會長趙樸初先生邀請，到北京大學、人民大學、社會科學院及中國佛教研究所，舉行座談及文化交流；甚至有高層人士說：「如果安祥禪一直在大陸穩定發展，就不會有日後的法輪功出現了！」可惜的是，耕雲導師突然宣布結束禪學會，也停止發

行《中華禪學》；我雖覺得遺憾，卻也非常坦然，回想起這段經歷，更有豁然開朗之感，或許，這是 耕雲導師送給我的一份特別的「大禮」，讓我如釋重負一身輕！

2000年，我在香港成立川流文化教育基金會，從此隨心所欲，追逐未竟的夢想；基金會從不對外募款，而是憑藉己力推動生態關懷、閱讀、樂教、藝術文化等相關活動；除了台、港及中國大陸的偏鄉教育、慈善公益之外，也響應捐助聯合國難民署所舉辦的活動，以及國外天然災害的重建扶持。

從小，我就懷著作家夢，這20年來，出版了10本旅遊書、攝影集及筆記書，期望發揮正向能量，傳遞真、善、美，感動讀者，回饋大地，召喚人們關懷地球生態，保存日益消融的世界文化與自然遺產。我的出版品大多贈送各縣市及校園圖書館，或為公益、環保機構募款，以拋磚引玉，鼓勵行善，創造多贏！

在實現寫作夢想的歷程中，我得到不少的鼓勵，例如：2003年出版《夢想南極》榮獲國家圖書館的2004年最具代表性圖書獎；2011年，獲選為《講義雜誌》的最佳年度作家；更被時報文化多次提名角逐新聞局金鼎獎；甚至於在《看見真實的北極》時，同時有14位各領域佼佼者具名推薦……。這一路所遇到的許多貴人、文友、媒體記者以及眾多讀者，或寫推薦序，或人物專訪，或心
得迴響，或有良好互動，雖然無法全部都收錄在本書中，我仍由衷感謝，銘記在心！

回顧這一生，我曾奮筆疾書，壯遊攝影，努力深耕，藉著本書的出版，盼與所有幫助我成就夢想的貴人、文友、粉絲及媒體人，彼此可洄流、可回味、可徊思，也獻上我的殷切祝福，願正在看著本書的你，同樣能追夢圓滿！

| Part-1 |

美好序曲 由此展開

　　陳維滄董事長出版新書，除了書名、章節、文章字字斟酌外，自序或推薦序也是重頭戲。正如宋朝王應麟所言：「序者，序典籍之所以作。」序主要是針對書籍、詩文、字畫、碑帖進行文字說明，可以抒發議論，可以陳敘觀點；序的作者可以是書籍或詩文作品的原創作者，也可以假手他人。

　　陳董的每一本新書除了自序外，幾乎都可看到文藝界或傳媒界、學術界的菁英作家、學者、友人認真閱讀，精心撰寫的推薦序，如今這些放在著作最前面的序文或推薦序，除了很有打頭陣的功能之外，也具有開宗明義，導航閱讀，或是畫龍點睛，如虎添翼的效果，這些好文章洋洋灑灑，燦然大觀，如能彙整起來，篇篇都擲地有聲，都能感動人心，豐富生命，更是認識陳維滄精彩一生的最佳途徑。

　　成為作家，是陳董年少時的夢想。他就讀埔里初中時期，就時常以「川流」為筆名，寫「學府鱗爪」或「校園風光」投稿到《中央日報》、《青年戰士報》、《新生報》；直到30年後，他的同學徐瑞萬才知道原來「川流」就是他！

　　50歲從商場急流勇退，60歲展開天涯壯遊之後，他追尋作家夢，一篇篇的旅人心語，一幀幀的精彩照片，集結為一本本美不勝收的書籍；他如倒吃甘蔗般地，在2022年前已先後完成旅遊攝影書、筆記書、月曆、桌曆等出版品高達20種。很特別的是，他出書完全不以營利為目的，而是為公益事業或慈善機構募款，例如：《飛鴻雪泥》為聖家獻女傳教修會及香港慈恩基金會籌募善款、《魅力非洲》和《縱橫極地》為公視及環境資訊協會募款、《鶴采》和《寰羽》為荒野保護協會挹注善款；《旅行中看見真善美》用來幫助母校東海大學獎助

"HERE, BIRDIE BIRDIE!"

學金募款。因此，每一出版品背後都富含深層意義和關懷之情。

其中，2002年出版的《飛鴻雪泥》榮獲「年度最佳筆記書」；2004年，由日月文化出版的《夢想南極》，被國家圖書館台灣分館選為「2004年最具代表性圖書獎」；2010年，由時報文化出版的《那些極境教我的事》蟬聯新書暢銷排行榜，再版5刷，並代表「時報文化」角逐新聞局金鼎獎入圍，2022年另在中國大陸發行簡體中文版；2011年，他獲選為《講義》雜誌年度最佳旅遊作家；2017年，「時報文化」出版《看見真實的北極》，短短兩個月內躍升金石堂旅遊類暢銷榜首。

陳董好書屢屢上榜，推薦序的作者也功不可沒。我們一一收錄在此輯中，除了再次表達誠摯謝意，也期望這些詮釋自不同角度的好文，能幫助讀者建立橋梁，深入探究，了解陳董文字、影像傳達的真正含意和用心。除了是陳維滄個人部分的歷史回顧，也是文字知己間惺惺相惜的紀念。我們衷心期盼：美好序曲既已展開，這樣的美麗樂章可以一續再續，讓人世間的真善美可以生生不息，長長久久。

《夢想南極》自序

為什麼二度去南極

文／陳維滄

出發之前，胸臆間湧動著萬里長征的豪情；回來之後，拂不去那片冰天凍地、藍與白的大荒野。

這幾年，地球上始終不太「靜好」，921大地震、911恐怖事件、巴米揚大佛被摧毀、美英攻打伊拉克、SARS、禽流感，所有災難都與人有關，人人都要負起一份責任，但面對這一切又特別令人感到無力！

2003年經過SARS的封鎖之後，當我安排二度再去南極探險，而且是向難度更高的南極圈內挑戰時，很多人都驚訝不已，以為我腦筋壞掉，世界之大，美、歐、亞、非洲，都遍遊不及了，何苦乘風破浪跑到最遙遠的酷寒之地──南極，把自己送進冰天雪地、沒有一棵綠樹的「極地」！

相對於人間，南極真的是再也找不到的極端了。它冷到極端，風速強到極端；它不綠，只一大片白色（冰原）、藍色（天空和海洋）和一點點黑色（岩石）；它沒有居民，不隸屬任何國家，是一片和平的世界公園，真正的荒野大地。

什麼是「原始洪荒」？當我跋涉健行在南極千萬年積雪不融的冰原上時，心中自語：「這就是地球所幸保存下來的一塊『原始』、一片『洪荒』了嗎？」

偌大一片幽靜無語的荒原，偶爾響起一陣海鳥翱翔的歡唱、企鵝家族的私語，南極大陸的純淨自然，深深撼動了來自人間的心靈！

2002年初，我第一次搭乘豪華遊輪去南極半島海域巡航，只三度上岸登陸小島，可謂驚鴻一瞥，但是對一個攝影者而言，那幾番讓人

心跳的壯闊景致，那天地大美，那可敬又可愛的企鵝，就真真實實地映入攝影的第三眼，流連不去；即使在回航的恐怖海象中，我已引頸企盼，盼望二探南極，要更加親近它，深入了解它，融入它，要拜訪地球上最可貴的國王企鵝、帝王企鵝。

　　2003年歲末，我再度啟程，破冰航向南極圈，真正進入南極絕美之境，也前無僅有地更加體驗到大自然可敬可畏的力量，人類怎能如此傲慢、自以為是地不愛惜資源、破壞山川大地？去到南極，才真正看到地球原始的美好，才真正體認人類唯有謙卑地尊敬和愛護大自然，才能永續生存在地球上。

　　在浩瀚星河中的地球上，對我而言，兩度去南極探險，是此生最有意義的旅行，我很樂意、很歡喜將這兩次南極之旅，與人們分享，希望有更多更多的人，從這本書中，如親睹一般欣賞南極、面見企鵝，心領神會「去到」南極荒野的意義──作為地球村的子民，我們一定要愛護地球！

《夢想南極》推薦序

行遍天下 精彩痛快

文／徐仁修

我深知旅行攝影的辛苦與困難，
所以更能欣賞、領會到他攝影的天分與功力。

年少時，每個人對自己未來的人生旅程都會有許多憧憬，但到了後來，憧憬可以如願的又有幾人？

當然，芸芸眾生每個人的憧憬不同，但總地歸結，不過希望人生過得精彩痛快。以現代商業社會的語言來說，無非是：「事業有成，有時間與才氣去『游於藝』，也就是去創作。」

要事業有成已不易，還要有才氣（天分）與興致以及耐性去創作，這樣的人可就鳳毛麟角了，而陳維滄先生正是這樣一個令眾人羨慕與欽佩的企業家與藝術家。

他的事業我們很容易從他創辦的企業、基金會以及贊助的非營利組織看出他的成功。

在2003年台灣SARS事件中，他是最早願意投入志願者行列的人之一，並且在疾病管制局以「從SARS談危機管理」為題，為局內官員發表演講。在此，我們也看到陳維滄先生慈悲、勇敢以及專業與冷靜的特質。他甚至出資贊助公共電視台拍攝和平醫院抗「煞」的過程，並集結成《和平風暴》專輯播放，好讓台灣社會從事件中汲取經驗與教訓。

在這裡，我要談他的攝影，這是他在事業有成並做好傳承後，背起相機走向地球的各個角落去從事攝影創作，從燠熱的沙漠到酷寒的極地，從喜瑪拉雅山麓到安地斯山麓，從金黃的新疆，到蔚藍的地中海……，題材從壯麗的自然景觀到古老文明的遺跡，從野生動物、大樹到街頭小販小人物，從老人到小孩……每一幀、每一幅都值得細細品味。

　　他的作品不只色彩豐富、構圖嚴謹、視覺張力更是強而有力，其中讓我最為難忘的是緬甸吉鐵窩佛塔前的少女，背景是金黃的巨石、佛塔與湛藍的天空，烘托著一位肩負大竹籃的少女特寫，讓我這從事攝影工作三十年的人也自嘆弗如。

　　陳維滄走過的地方有許多我也到過，像塔克拉瑪干沙漠、巴音布魯克草原、美國的黃石國家公園、中南美洲……等，我深知旅行攝影的辛苦與困難，所以我更能去欣賞、領會到他攝影的天分與功力。

　　他的攝影創作中，另一讓我感動不已的作品是他在雲南痲瘋病院的一系列充滿悲天憫人的黑白作品，它正代表了陳維滄先生的俠義性情，我想此刻正是他邁向人生巔峰之際，自是精彩痛快。以這本《夢想南極》為例，正是他最近的創作，無論攝影、插畫、文字，都展現陳維滄先生追求完美、不屈不撓的特性與才氣，很值得芸芸眾生及許多耗盡一生去賺錢卻未能為這地球留下一羽一爪的企業家借鏡。

（徐仁修，攝影家。著有《月落蠻荒》、《罌粟邊城》、《探險途上的情書》等近三十本著作。1995年於台灣發起成立「荒野保護協會」，擔任創會理事長，從事自然觀察與保護工作，推動生態環境保護不遺餘力。現任荒野保護協會榮譽理事長、荒野基金會董事長）

《夢想南極》後記

來自冰雪的沸騰

文／陳維滄

「自然的平衡」是人類生存的主要力量。

——《寂靜的春天》作者Rachel Carson

2002年1月19日我從南極回來之後，不幾日，從報導得知，南極半島東岸的拉森B冰棚（Larsen B Ice Shelf）1月31日開始崩解，在35天內3250平方公里面積，平均厚度200公尺的冰棚碎裂為數千個漂浮的冰山。

2003年12月我二探南極羅斯海域，就在這前一個月，南極上空監測衛星發現，面積1.1萬平方公里、世界最大的冰山B-15，一分為二，變成兩座大小懸殊的冰山。B-15冰山是2000年從羅斯冰棚斷裂入海的冰山。這兩件訊息讓我意識到，我要去的南極，正籠罩在人為的變化中，黑手是溫室效應所造成的全球暖化。

當我實際進入南極圈，在羅斯海域上，看到分裂之後仍然偌大無匹的B-15A冰山時，深深喟嘆人類無知於自己的渺小。

南極依然純淨絕美得令人屏息收攝住那份狂喜！

這塊無人的原始荒原才是地球真正的香格里拉！

回來之後，沉浸在所拍攝的南極照片中，再三地回味，冰雪、企鵝、海鳥、寒風……。

2004年5月底，一部警世轟動的電影《明日過後》（THE DAY AFTER TOMORROW），讓我從冰雪中沸騰。電影就從拉森冰棚崩解開始，全球氣候驟變愈演愈烈，重創生靈，令人怵目驚心，雖然明知畫面出於科技特效，但又怎能不憂心忡忡，因為這幾年地球上區域性的氣候乖變，以及國家級的破壞環境政策，正連續真實地出現，例如：我去過的塔克拉瑪干沙漠，在2001年突兀地下了一場大雪，後續

兩年的冬季都飄雪；2003年塔里木沙漠還落冰雹。

被譽為「天山明珠」的新疆天池，由於土石流等地質災害的侵襲，過去10年來，面積正逐年縮小；按照目前萎縮的速度推算，大約80年後，地球將喪失這顆明珠。

如果海水溫度持續升高，仐球持續暖化，50仐內印度洋上的珊瑚島將消失殆盡。

台灣近幾年，洪旱成災，山河受創，年年驚爆土石流肆虐，2004年七二水災毫不留情地吞噬中部山區；然而違反國土保安和生態保育的建設政策，如核四續建、高山纜車、山坡地開墾……等，不也在利之所趨之下，罔顧「明日」，持續推動？

要掏出多少資源，才能修補自然？有多少大地創傷，已成為修補不了的人類夢魘呢？

我們已經剝奪了賴以生存的地球，又如何期待子孫平安地長大呢？

早在1962年，Rachel Carson就在《寂靜的春天》（Silent Spring），披露殺蟲劑DDT所造成危害環境、為害人命的循環災難；最後作者提出亙古不變的論點：「自然的平衡」是人類生存的主要力量。

唯有愛護地球，我們沒有任何可替換「自然的平衡」的籌碼！

最後，我卑微地以這本《夢想南極》來為地球的永續生存祈禱，並願南極永遠是如此這般地「自然原始」。

《夢想南極》精選迴響

1. 林慧美／山岳文化資深編輯

《夢想南極——荒冰野地的魅力》是一本國內首見二探南極旅行日誌，百餘幅珍貴攝影、生動手繪圖、不可不知的南極知識、家書等，精彩集結！

勇於追夢似乎不分年齡，在於那是一扇通往靈魂的窗口；作者正是此信念的履行者。荒僻險惡的南極，非一般人能力可及，除了時間與預算考量之外，體力、意志力和耐力的艱苦考驗，如沒有深藏心中那股萬里長征的豪情、如不是拂不去對冰天凍地、藍與白大荒野的痴心嚮往，將很難完成旅程的，更何況二度探險。而在作者陳維滄心中，那是一片「即使在路上蒙主寵召也了無遺憾」的冒險仙境；並說：「我去荒野是因為我想用心生活，只去面對生命中最重要的事，並看我能否從生活中學到什麼，而不要到最後，發現我從來沒有活過……」這種飽歷人生焠鍊後所展現的開闊視野，猶如荒地遍開繁花，意義非凡，遠超過一般旅遊工具書介紹熱門景點的格局。

2. 王月雲／台大分子生物博士、慈濟傳播人文志業基金會志工

我們正在享受您的大作，非常特別的作品：內容豐富，具有人生哲學歷練、佛學、歷史，還配有音樂素養的搭配等等，有機會先讀為快真是感恩！我們帶回台中及埔里分享朋友，感恩！今天能夠有一個寂靜下午，Frank看照片，我能夠看看您的書，真是人生一大享受了。

3. 楊勝夫／退休老師

《夢想南極》首頁皮筏駛向冰山的畫面就非常令人震撼，還有一張太陽照射在冰河水域，水面黃金色的潾光閃閃，那對焦的精準和色彩的表現是令人讚嘆的。陳維滄的照片就是有那種魅力，能扣住欣賞者的目光，在畫面上遲遲不忍移開。

4. 丁文玲／中國時報記者

人跡罕至 吾往矣！

《夢想南極》等書展現夢想者毅力

65歲探險南極，絕非不可能：

60歲開始學習攝影的企業家陳維滄，65歲決定前往南極拍照並寫作。兩年來，他二度前往南極，用攝影、圖畫、日記和家書，記錄下南極探險之旅，並出版了《夢想南極》一書。對六十幾歲的陳維滄而言，在極地背著30公斤的裝備，在冰原上步行好幾小時不能喝水、上廁所，都是讓老伴擔心得要命的體力大考驗，但他硬是做到了。

從事荒野或極地的書寫、攝影，所需經費驚人，單憑創作者一己之力實難以獨撐，這或許是國內相關寫作及攝影水準較先進國家低落的原因。歐美國家的各類探險組織，會提供各種獎勵或贊助來協助創作者完成探險創作的夢想，也間接促成了優秀作品的出版。相較之下，陳維滄獨力而為，更顯現了夢想與挑戰的不凡意義。

65歲踏上南極探險之路，陳維滄堪稱勇者。

5. 羅廣仁／中央社記者

「我喜歡這樣的冒險，即使在路上蒙主寵召也了無遺憾！」陳維滄談到南極之旅展現了追夢者特有的異采!為了考驗自己的極限，陳維滄兩度背負攝影重裝備，造訪世界最險惡荒僻、也是最美妙的荒原，在台灣，堪屬異類。而這原本想寫給青少年的日誌，則是另一則南極相關出版的異數。

陳維滄真心喜歡南極，在《夢想南極》一書中沒有任何賣弄之詞，卻嗅得出烙印於字裡行間的精神底蘊，那些暈船、天氣嚴峻的考驗、挫折、賭注、讚嘆……就像紀錄片般分秒鮮明，閱讀時彷彿就在他的身邊，參與他的歷險。值得一提的是，書裡穿插十幾幅手繪圖，包括企鵝生態、人與企鵝互動逗趣畫面及南極小百科等，在於希望各年齡層讀者，得以更輕鬆且更廣泛的角度來認識南極。

《那些極境教我的事》推薦序

人生的三種境界

文／蔡志忠

人有三個階段：
起初，他崇拜文憑、地位、名譽、權勢、財富；
再進一步，他思考自己來此一生的意義？
最後，他找到人生的目的，真正活出自己！
於是，他已經從第一階段，進入最後階段。

我剛認識陳維滄先生時，
他正處於人的第二階段，但他沒有在此停留太久，
早早進入最後一個階段：融入生命之中，活出自己。
他用這本書告訴我們，生命可以有不一樣的活法，
而不只是把生命全部都用來換取，我們早就不再需要的東西。

我們只有一輩子，我們只能活一次，生命無法重新來過。
生命不是用來換取權勢名位而已。

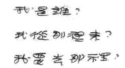

我們打開門走出去，都清楚知道自己要去哪裡！
每個人更應該思考：這輩子到底是為了什麼？
想清楚之後便知道自己真正要的是什麼？
自知該怎麼活？

（蔡志忠，享譽海內外的知名
漫畫家。作品逾百種，翻譯成
多國文字，發行4500萬冊）

美到極致就只是一聲歎息

文／李偉文

    南北極、沙漠、喜馬拉雅山，這些名詞對現代人而言，是既熟悉卻又陌生的地方。說熟悉，是因為幾乎每天在各種媒體與不同議題中不斷出現；說陌生，是因為很少有人可以親自探訪，甚至我們周邊認識的朋友，也很少有人去過。

    這些地方又稱為極境，地球上極端的環境，要嘛冷得無法想像，要嘛又乾又熱，不然就是高到無法呼吸，這些極境，對任何生物而言，都是非常惡劣艱困的環境，可是就是有人，包括維滄兄，常問自己，也是別人常問他的：「明知其艱苦，為何偏向苦中行？」

    的確，一個人要有多大的決心，多深的渴望，才能在60、70歲的年紀，一次又一次冒著生命危險以及肉體的困頓疲憊接受挑戰？4次

到南極，6次到北極（編按：至今南極北極已造訪11次），以及難以計數的沙漠與高山之行，這些動力，一定是源自生命裡更深層次迫切的呼喚。

我相信這股熱情不是「我來，我見，我征服」炫耀式的遊覽，而是當我們能夠一次又一次把自己逼迫到最極端的絕境下，才能彰顯出生命的深刻與意義，甚至尋得精神上與肉體上的重生與復甦。

維滄兄正是荒野保護協會志工們的典範，毫不藏私地把他畢生的經驗與體會分享給大家，加上他拍攝的照片，精彩動人，或許我們沒有機會去到這些極境之地，但是看完書，相信你也會如同我一樣，深深地歎一口氣，因為，人們在面對極致的美與感動時，往往也只是一聲歎息。

（李偉文，牙醫師、作家、環保終生志工。著有《你每天都在改變世界：一個牙醫師的荒野大夢》等書，為荒野保護協會創會發起人之一，歷任義務職秘書長，第三屆、第四屆理事長，目前為荒野保護協會榮譽理事長。）

《那些極境教我的事》後記

行行覓覓，抓住了什麼？

文／陳維滄

攝影，是為抓住那一方世間之影！

　　我的第一張被抓住的影像，是在家族照片簿裡，一張襁褓中、不瞞周歲的獨照，是現存可見的、我的第一張被攝取的照片。

　　後來，有一張小學時期，穿著日式制服的照片，背著後背式書包，側身，回眸向鏡頭，很有精神，有一股「人小志氣高」的架勢。在那傳統的、古典氛圍的時代，我，被抓住了一個後現代的pose，不落俗套，自覺小有個人特色。

　　第一張被我攝取的影像已不復記憶，也沒保存下來。記憶中，大學時期，在我預定受洗成為基督徒的那一天，突然奉父親之命，趕去台中中興新村，為當選模範母親而接受表揚的祖母拍照。

　　照片今已下落不明，也許存在親族長輩家裡。而我，也因此無緣當一個真的「陳弟兄」！（註：大學時代的我，熱中參與基督教團契活動，被同學戲稱「陳弟兄」。）

老驥伏櫪 走出攝影版圖

　　第一次踏上攝影旅途，是1989年，到中國西陲的新疆塔克拉瑪干沙漠。大漠黃沙，縱橫天際，在晴空無風之下，沙形曲線萬千、優美

婉約地靜臥。這個維吾爾語稱為「鳥也飛不過去」的中國最大沙漠，在4到7世紀時，曾讓西出陽關、到天竺取經的苦行僧眾備嘗艱辛，苦不堪言。

之後，年年復行行，我就像老驥伏櫪一般，肩上掛著沉重的攝影器材，行行復覓覓，攝取穹蒼之下的自然景致和文化、生態的風貌。美國的黃石公園、大峽谷；加拿大的楓葉、瀑布；中南美印加文明遺址；南非的動物世界；愛琴海荷馬史詩的眾神國度；歐洲捷、奧文藝復興的古典風華；印度的宗教藝術石窟；柬埔寨的吳哥窟；中國敦煌的莫高窟、九寨溝、雲南和桂林；日本北海道的阡陌花田……。

爾後是縱身三極的極地之旅；在南極，搭乘破冰船拍攝企鵝、冰山和海鳥；在北極，白日守候北極熊，夜晚枯等北極光；在中極，踏上了世界屋脊的青藏高原秘境。

我不是專業攝影，也無成就專業的壓力。攝影於我，是一份興趣，自娛並且分享給身邊的親友。之所以獨鍾攝影，在於那份透過鏡頭，取景構圖的美感和悸動。畫家作畫，多半是在呼吸勻勻的柔軟醞釀中；攝影構圖，卻是當下意和境的交會，有時從容取鏡，有時就搶在那一剎，當按下快門的片刻，一定是凝神屏氣、呼吸止靜地。因此，那份「抓住了」的欣悅之情，可以一路延燒到回家之後，在燈箱上一一細看沖出的正片。

這份狂熱，會是學生時代文藝青年愛美好藝的遺緒？也許是吧！所以，與其說愛上攝影，毋寧說，愛上構圖！

天涯遊子 立下碑記

此外，旅遊帶給我的，除了一般的行遍天下、增廣見識之外，更重要的，它是一趟「Hardwork」，也是一趟重生「Re-birth」的生命之旅。為行旅加上了攝影的任務，那更是超承載的重度Hardwork。為了追逐光線和氣氛，早起、枯等；為了更突出的構圖角度，攀高、伏地、臥冰；有時渾然不顧那危危顫顫的立足點，心甘情願地難行能行，長途跋涉，忍受嚴酷的氣候和大自然無情地洗禮。

行過三極、五大洲，更真實地體會到：寰宇無疆界。無論是在沙漠、在極地冰原、在汪洋大海之上，四界無邊，唯與天接，人，真真實實就是天地一芥子。世間民族、文化、國土的邊疆界域，在千古大自然中，原是渾沌一隅，唯一不二的本然。（人之渺小，何足言「人定勝天」，精神豪放語罷了！）

天涯遊子，東西南北，行得遠、走得長；踏沙也行、冰山也過；身在凶猛惡水上的一艘破冰船中，五臟隨巨浪而翻攪；天地之壯美、之酷厲，人與大自然的角力搏鬥，如是我見，如斯我在。這十多年來辛苦的攝影成績，精挑細選，先後付印出版了《飛鴻雪泥》、《夢想南極》兩本書冊，掀起了媒體效應，而幾度接受專訪刊載於報刊和雜誌，以及受邀校園和公益演講，現場放映影片，有幸將旅行中的感動與省思分享給大眾，期望能回饋世間一丁點的力量。

一份興趣，一份不畏辛苦的堅持，憑藉精神與意志之力，為自己退而不休的生命旅途，一程一程地豎立起里程碑，自我領受，同時也分享出「世界真奇妙」的綺麗風光，豈不「快意人生」！

從童年時被拍攝留下純真的影像；從中年行旅過花甲，拿起相機攝影大千萬象；我這滄海一粟的「老頑童」，仍然對世界懷抱好奇，即使有一天，勢必要放下超承載的攝影行囊，換上口袋型的傻瓜相機，也是服膺生命的自然律，又何嘗不可「自歌自舞自開懷」？

《那些極境教我的事》精選迴響

1. 黃碧端／前文建會主委、台南藝術大學校長、兩廳院藝術總監
陳維滄先生真是位奇人，不僅特別，而且可羨；不僅可羨，而且可佩。陳先生的攝影教人驚嘆。我自己接觸過一點攝影，對於好作品，雖不能至而有點眼界。背著沉重器材跋涉寒極險峰的這位作者，自謙不是專業攝影家，卻真捕捉了大自然壯闊的撼人和生命力的動人。他和企鵝群的周旋，尤其使人莞爾且看見影像背後執鏡者的童心。
作為一個這樣的探險家，陳先生對自己父母親的描寫，也許多少解答了為什麼他成為這麼一個「不一樣」的人。陳維滄先生從他能幹且特立獨行的母親得到冒險犯難的毅力，從他慈祥寬大的父親，得到人生態度的啟迪。值得讀者低迴再三！

2. 劉順仁／台灣大學管理學院教授
在中國的文字裏，「極」指的是　住房屋最高的那一根柱子。因為有「極」，人才有居住、活動、伸展的空間。而「極境」是大自然給人類心靈最高的支柱；它的高度無法衡量，廣度無法描述。作者用筆和鏡頭，讓我們感受生命在大自然中無限伸展的自由，以及肉體碰撞自然的脆弱。

3. 趙善銓（Albert）／EFG瑞士盈豐銀行亞太區行政總裁
本書生動描述了探險極地的生活，讓我讀後享受到極地自然的美，值得一讀再讀，我會把它推薦給所有的朋友。作者從一個「搭機要坐商務艙，住宿要住單人房」的慣性要求，妥協成為願意克服萬難，不顧親人反對，執意攀向聖母峰的勇者。這中間的轉折，呈現一種酷似王宮貴族落難成平民百姓的反差，形成一股饒富趣味的衝突張力。

4. 陳瑞賓／台灣環境資訊協會秘書長、
自然信託與環境資訊基金會董事長
作者旅程最珍貴的，不只是開啟了他的心域與視野，而是克服了身邊

親友們，那股猶如地心引力般的關愛之情。閱讀過程中，我腦中不斷地浮現「不到　河心不死」這句話，但真到了黃河時，卻是一種豁達、了然於心的感覺。

5. 妙蘊法師／佛光山香海文化事業執行長

我感覺書裡處處是教徒朝聖的氛圍，若非教徒一生必朝幾次聖的決心，珠穆朗瑪峰前的高山症危機何能度過？極境的純淨，教會人們放下身邊層層的假面，面對原始的自己；極境的不可知，教會人們感恩眼前仍能感受的世界。

6. Steve Bloom／英國攝影家與作家

Richard（維滄）是我認識的第一個台灣攝影師，2003年在南極相識，印象很深的是：他自謙自己不是攝影家，只是攝影愛好者，我見他拍照也多是相機機械操作功能發揮甚少。他不拘泥攝影的框架，卻以他對攝影的執著與努力，讓我看見，他的作品在追求「美」之外，更重要的是傳達背後的善與真。

7. CK林肇寬／台北市南德扶輪社創社社長

從小生活在埔里　中學就會搞叛逆　參加扶輪來學習　出書暢銷不容易
六十開始走出來　困苦修行在極地
眼上天堂心神怡　身下地獄困又疲　世界屋脊稱中極　火葬畫面震眼皮
三極至少訪其一　人生才算有意義

8. 陳世堂／開業建築師

「生命的偉大不在長短而在活得精彩」，這是作者在書中給予我最大的啟發。原來自己的視野如此狹窄，天地之大，地球之美，若不能親身蒞臨，真是愧對此生。然而又有幾人能夠像作者一樣，可以親身感受萬物生命的偉大。感謝作者透過鏡頭，帶給我無盡的感動與震撼！

《看見真實的北極》推薦序

不老攝影家的
瞬間驚奇

文／胡元輝

　　「飲酣視八極，俗物多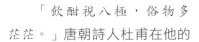茫茫。」唐朝詩人杜甫在他的〈壯遊〉這首詩中，曾經如此描述他的年少情懷。不老攝影家陳維滄先生雖無杜甫豪飲之氣概，卻有詩聖脫俗之智慧，於知天命之年即義無反顧，展開全球壯遊。

　　幸運的是，事業有成的陳董事長不僅無杜甫「不得窮扶桑」的遺恨，迄今更已壯遊極地十餘次，以致自嘲已罹患「極地遠征症候群」。陳董何以樂極地而不疲？若為追逐新奇，貪取美名，一次已足，又何須屢冒「危機四伏」（陳董語）之險？

　　自與陳董相識以來，有時亦不免想問他這個問題，但只要有機會欣賞到他那精彩動人的攝影作品，或是聽他講述極地攝影的曲折際遇，其實答案已不言而喻。那是一種浮華人生的抽離，更是浩瀚自然的投入，陳董於出入之間見證山川大地，記錄絕境生靈，又如何能拒絕此種修行的召喚？

　　據史料記載，17世紀的歐洲年輕人興起壯遊（Grand Tour）之舉，至18世紀蔚然成風，但該時期之壯遊以藝術、文化的薰陶為主，且儼然為年輕人的成年之禮。陳董之壯遊，則始於耳順之年，且鍾情於自然界之奧妙洗禮，雖迥異於數百年前的歐洲年輕人，惟其豪情壯志堪為「不老世代」之典範。

　　攝影大師布列松（Henri Cartier-Bresson）的「決定性瞬間」理論，強調優秀的新聞攝影作品在動作、事件的瞬間凝止情境中，表現新聞事實的整體和精華，既捕捉瞬間，亦留下永恆。陳董事長壯遊天

地的作品，雖非新聞攝影，卻足以讓觀
賞者神遊其間，感受鏡頭瞬間的天地大
美，實屬布列松理論的另類印證。無論
橫看或側視，亦無論順看或逆視，本書
所蒐錄的作品，都是不折不扣的「瞬間
驚奇」。人生無處不風景，天地片刻是
永恆，豈其虛妄哉？

（胡元輝，公視董事長、華視董事長、
曾任中正大學傳播學系教授、台灣事實查核教育基金會董事長。中央
通訊社社長，獲扶輪百周年十大傑出專業人士獎。）

值得學習的極地壯遊精神

文／江秀真

　　生命之所以精彩，是因為充滿未知與挑戰，人生旅程的豐富，則來自苦樂參半。

　　陳董事長在極地壯遊的次數是超越現代年輕人好幾倍，以至於高齡80多歲的他，精神勇氣依然像個小伙子，踩著「活到老、學到老」的穩健步伐，探索極地。

　　令人佩服的不只是雙腳壯遊，雙手更是沒停過持續拍攝，才能累積無數的經典照片，特別是他將6次前往北極的珍貴鏡頭，集結成書；畫面會說話，尤其在雪地裡追蹤攝影北極熊家族的生活情形，專業攝影者都知道「拍攝10次，失敗9次」是家常便飯，若無相當耐心、毅力與足夠熱情去抵擋北緯90度的極地低溫，不僅無法獲得好的作品，反而招來四肢凍傷的威脅，此書的珍貴，已無需秀真多言。

　　陳董事長的壯遊精神，為何是秀真學習的典範？並非年長，而是他樂於分享的心，花費大半年的時間挑選相片、整理心得，就是要讓大家「看見真實的北極」，此生或許無法親自前往領略，但身歷其境的真實感，絕對讓您大開眼界。

（江秀真，探險家。曾獲97年體育運動精英獎、98年第20屆十大傑出女青年獎、內政部一等獎章、第47屆十大傑出青年、登頂南極洲最高峰文森峰、非洲最高峰吉利馬札羅峰、兩次登頂聖母峰、全國第一位玉山國家公園保育巡查員，現為山林教育推廣者）

▲ 南極壯遊艱辛旅程　①小艇靠岸；②陸續登陸；③攻頂途中；④順利登頂。

《看見真實的北極》推薦序

鏡頭瞬間，凝神一剎的停格

文／劉克襄

　　雷鳥、雪鴞和北極熊都是旅行北國時，自己念茲在茲極欲遇見的動物。只可惜，一直無緣在現場目睹，後來讀了許多篇章，也觀看過諸多影片，還是有些悵然。唯獨對相機凝神一剎的停格，最能共鳴。或許是野地觀察的經驗，我總覺得，經過長時間守候，瞬間的生動掌握，向來是永恆的最高情境，也是我們對這些稀有物種致敬的一種謙卑方法。

　　而拍攝者透過好幾回的現場拜訪、熟悉和等待，在按下快門那一剎，他的生態保育和環境意識也盡在照片中流露，構成此一野外美學的核心。這是我在觀看維滄兄的攝影作品，尤其是動物鏡頭的捕捉時，心裡浮升的想像，以及對其核心思維的認知。

　　七十以後而從心所欲，自然亦隱隱在其中。

（劉克襄，詩人、作家、自然觀察解說員、中央社董事長。著作詩文、繪本、自然報導等約60本）

《看見真實的北極》自序

我得了「極地遠征症候群」

文／陳維滄

　　地球上的三極：北極、南極、中極（西藏），一直是攝影者的嚮往。初探南極時，純淨的大地深深震撼了我，讓我種下了極地相思的種子，我彷彿得了「極地遠征症候群」，先後曾十多次探訪南極和北極，最長的為期29天。極地探索對我而言，不只是為了探險，而是想要超越自我，以及呼應心靈潛在的想望。

　　北極的夏天，海風吹來總是冷冽刺人，核子動力冰船航行在北極海，船頭與銀白色冰層奮戰，發出吱吱嘎響。眼前的風景，就像南極一般，逸闊的藍天，寂靜的荒冰，畫成了壯美而蒼涼的大寫意。和南極大陸不同的是，浩瀚的北極冰原之下，並沒有一塊陸地，全是凍結的冰層；而冰原上北極熊孤獨的身影，取代了南極企鵝群聚的壯觀。

　　南極之行，常因經過風浪較大的海域而飽受暈船之苦，且海上高聳、多變的冰山景觀讓人心生敬畏。登陸後，雪地上更是起伏難行，有時需長途跋涉一個小時以上；相形之下，被冰雪大範圍覆蓋的北極海不僅風浪較小，視覺上，整個環境也比較平緩和諧。

　　我們早期前往正北極90度，只有一家旅行社代理，僅76人參加，都是來自世界各地的科學家、攝影家、畫家、學者、探險家等菁英；現在前往正北極，代理的旅行社有7、8家，雖然也是搭乘核子動力破冰船，成員大都屬於觀光客，動輒數百人以上，氣氛自然也就不一樣了。到北極圈，如果前往挪威、冰島，大都搭遊輪……如果去加拿大，則搭乘火車和小飛機，名額限制22人。

　　一般而言，到北極除了感受冰天雪地之外，最主要是想看看北極熊，然而正北極九十度是看不到北極熊的。正北極被北冰洋大片冰層覆蓋，偌大的冰原，讓北極熊吃不到海豹，不會現蹤；但是我們那天在船上卻一次看到了7隻熊，這樣的好運氣堪稱空前，也可能絕後。

▲ 第5次的北極行，十分幸運地拍到母熊與3隻寶貝熊親暱互動的珍貴鏡頭。

　　由於公熊和母熊對破冰船的好奇與靠近，我從大約有7層樓高破冰船，由上往下拍，有空拍的效果。首先拍到北極熊飢腸轆轆、踽踽獨行的畫面。其次，為了尋找食物，北極熊由一個冰層跳躍到另一個冰層，這種瞬間動感畫面可遇不可求，我竟能手到擒來，生動捕捉。最後拍到了公熊和母熊不來電的畫面。

　　我很納悶，船上的快門聲此起彼落，攝影者見獵心喜，但受限於法令不准餵食，北極熊卻仍然空腹而歸，熊兒如果有知，必定心酸地說：「我的肖像權何在呢？我的生存權何在呢？」

　　北極熊讓人們予取予求，自己卻一無所得，實在不公平！

　　光是這三系列的畫面已算是大有斬獲了，沒想到好戲還在後頭，緊接而來的第5次北極行，拍到了北極皇后雪浴、3隻小熊冒出洞；第6次北極行，更如倒吃甘蔗般拍到了母熊帶領小熊走向哈德遜海灣的畫面。這些都是上天給的禮物，讓我的北極行回憶滿滿，意義非凡。

《看見真實的北極》後記

面對大自然 更謙卑

文／陳維滄

北極是一個由陸地包圍海洋的區域，終年都可看見白茫茫的一片冰封雪地的景象，放眼一望似乎是一個死寂的蠻荒之地，但是其實北極的動植物種非常豐富，不但有許多海洋生物，苔原上的植物更是千奇百怪，風景多采多姿，北極，正是一個如此能夠洗滌人心的極境美景。

可是面對地球暖化情況愈來愈嚴重，極地冰山冰體不斷融化，除了擔心極地美景不再、北極熊無家可歸之外，學者預期暖化恐造成海平面上升、極端氣候等等極大破壞，為解決地球的燃眉之急，國外科學家提出「再度冰封北極」的計畫。

根據《明日科學》報導，科學家列出預算，預計以5千億美元造1千萬個風力發電泵，將冰層下方的水引流至水面上。理論上，將冰層底下的水帶到水面上能有效凍結冰層，增加冰層厚度，而再度使北極冰封。科學家預計這個計畫需要1百萬噸鋼，如果成功的話，只要15年時間就能恢復北極冰層原貌。但也有科學家持反對意見，認為如果暖化速度沒減緩，低緯度的熱空氣會經由大氣與洋流影響北極，使那些重新結凍的冰層再度融化。

冰封北極可行與否並非我的專業範疇，但我在北極時，真正體會到人面對大自然時，必須帶著謙卑的心。謙卑是一種柔和的心，位在環北極的國家，很早就知道這個道理。例如：芬蘭人深刻了解到大自

然的力量，他們懂得平衡產業發展與環境保育，過去半個世紀以來，芬蘭的森林面積逐漸擴大，不減反增，這一切都歸於他們每砍1棵樹，就必須再栽種3棵樹法規。尊敬自然，正是北歐國家進步的動力來源。

然而，令人費解的是前美國總統川普任內，為增加美國化石燃料生產能源，2017年簽署一項行政命令，中止、廢除或檢討前任總統歐巴馬為阻止氣候變遷而採取的「乾淨電力計畫」等多項措施，甚至退出旨在阻止全球氣候暖化的「巴黎協定」。

川普此舉，引起環保人士不滿，指川普「蓄意摧毀保護空氣和水並創造就業的計畫，全為讓汙染的企業獲利，不惜犧牲所有人。」歐、亞領導高層也紛表驚愕、沮喪、蔑視及憤怒。當時法國總統馬克宏帶頭抨擊川普的決定愚昧且錯誤，德國總理梅克爾說，未來會更果斷保護氣候，「什麼也無法阻擋我們這麼做」；德、法與義大利也在共同聲明中捍衛巴黎協定。日本環境大臣山本公一則認為川普此舉與人類的智慧背道而馳；英國首相梅伊則告訴川普，巴黎協定是正確的全球架構，可保未來世代繁榮安全。

北極的冰原廣闊、神秘而古老，並且保留最原始的樣貌。去一趟北極，可以說是享受了心靈的淨化，畢竟人都是源於大自然，並且渴望接近大自然的。希臘有一座德爾菲（Delphi）神殿，供奉阿波羅神，神殿上銘刻的第一句話，即是「認識你自己」。因為多數人所認識的是假我，偏離了真實的自己。禪宗教人參究「本來面目」，識心達本之後，就沒有所謂世法、佛法、煩惱、菩提等等分別心產物。人總是在返璞歸真之後，才能夠真正看透自己的心思，並且開始反省自身。曾子也說：「吾日三省吾身」只有向內心深處發掘，才能找到真實的自我。

地球的資源雖然豐饒，卻滿足不了人們貪婪的慾望。古代人得克服困苦的環境，努力生存下去。現代人則依循貪婪的慣性，對地球予取予求，造成環境的破壞與汙染。眼見北極熊花了很久的時間狩獵，卻一無所獲，敗興而歸，令人感慨萬千！

因此，如果你問我，多次前往北極，有什麼感觸呢？我想說的

是，日本「經營之聖」稻盛和夫所服膺的「敬天愛人」哲學，深得我心。

須知「人定勝天」雖然是期勉人做事要全力以赴，克服萬難，但也是一句危險的「妄語」。事實上，北極熊的危機也可能將是人類的危機。大自然反撲的力道十分恐怖，人類一定要懂得尊敬大自然，才能與大自然和平共處。

稻盛和夫受「明治維新」三傑之一的西鄉隆盛，影響甚深，特別是西鄉所寫的書法「敬天愛人」，成了稻盛和夫的企業經營哲學，他憑著這4個字帶領公司、員工一步一步邁向高峰！同樣地，這也是處理人與大自然之間關係可以依循的準則！人類科技文明雖然日新又新，但面對大自然所知仍有限，因此，一定要以謙虛態度取代狂妄自大，正如哲學家蘇格拉底說：「我唯一知道的，就是我的無知。」這也是我們要學習的自省精神，如此才能和大自然、萬物共生共存。

名家推薦 感動佳評

在這個時代，只要有錢有點體力，要上高山下深海，到南北極甚至上到外太空，都已經不是一件很稀奇的事，但是維滄兄最令人佩服的地方，是他從職場退休三十年來，依然滿懷赤子般的好奇心，熱情洋溢地探索這個　妙的世界，這對快速進入超高齡社會，即將有許多退休長者的台灣來說，這位不老的探險家將會是激勵人心，讓更多人有信心活出自己第二個、第三個人生的最好典範了！

——李偉文・作家、醫師、荒野保護協會榮譽理事長

陳維滄董事長用鏡頭帶給我們的，不僅是北極的獨特風景與熊寶貝家族，更呈現他對極地景物的深刻人文關懷，與赤子之心般的莞爾；更令人敬佩是，每張珍貴影像，都傳承他以不老騎士精神所烙印出來的生命態度。

——李吉仁・台灣大學國際企業學系教授、誠致教育基金董事長

大多數的人遇見熊，不管是什麼熊，是在動物園。我從不去動物園，那是動物監獄。最難得真實遇見的熊是北極熊，因為是在酷寒的北國極地。《看見真實的北極》以優美的文字和真實的圖像讓你遠遊北極，和北極熊親密相遇。

——何萬順・國立政治大學語言學研究所暨
心智大腦與學習研究中心特聘教授

陳維滄先生克服重重困難，，親赴極地，如實觀照，向人間傳達大自然的美。在鏡頭背後的屏氣凝神，獨具慧眼，讓美的瞬間化為永恆，這或許是陳董要用鏡頭告訴我們，面對無常，人只有清明心性，珍惜當下，才是最好的方式。

——何照清／國立聯合大學華語文學系創系主任

《普門品》以「遊諸國土，度脫眾生」形容觀世音菩薩；不老探險家陳維滄以「無住生心」暢遊北極，拍回罕見的極地風光和北極熊，一如觀音將地球上最美的風景獻給世人，喚醒珍愛地球、保育動物的善心，共同見證奇蹟！

　　　　──妙熙法師‧《人間福報》總編輯，著有《走進阿蘭若》、
　　　　　《行腳印度》、《人間菩提味》 等書。

　　因緣結識川流文化教育基金會陳維滄董事長，有幸邀請他擔任台灣環境資訊協會顧問總召集人。當年他已跑遍天下，特別是旅程艱辛的地方。令我佩服的不僅是他的體力，更是過人的毅力；我雖受過動物學訓練，又投入環境資訊傳播工作18年，至今却仍無緣親睹極地生態系及其野生動植物，陳董的經歷，令我羨慕。

　　　　──陳瑞賓‧台灣環境資訊協會秘書長

　　「我要出發去北極了，你也來嗎？」

　　「哇，真好！──可是旅費高不高？」

　　「沒問題，錢歸我出。」

　　「可是，既到了北極，總要拍幾張北極熊才對得起自己吧！我的攝影器材太爛了。」

　　「放心，拍照由我負責。」

　　「可是，我的心臟不太好。上個月才裝了支架。」

　　「放心，你不必出門，坐在沙發上就可以遊北極。」

　　「所以，我要做什麼？」

　　「你不用做什麼，出一雙眼就行，我會把北極熊透過書本牽到你家客廳跟你對坐。」

　　　　──張曉風／作家，十大傑出女青年，曾任教東吳大學、
　　　　　陽明大學，以散文馳名‧文字融合古典與現代

　　陳維滄先生是個不斷以跋涉極地的艱險困難考驗自己，也因而不斷看見生命的美麗風景的人。已經80歲了，依然揹著沉重器材一再

登南北極，捕捉大自然的壯闊和生命力的動人。這本書裡，我們會看到他拍攝到的，北極小熊出洞、母熊領著小熊走向哈德遜海灣…等極難得的景象。讀者莞爾之餘，一定更會心於影像背後，執鏡者的溫暖童心。

——黃碧端‧文學教授、作家，中華民國筆會會長。
曾任國立台南藝大校長、文建會主委、國家兩廳院藝術總監、
教育部政務次長，著作豐富

不老探險家陳董事長給我的第一印象是溫文儒雅的長者，對生命充滿熱情，對新事物充滿好奇，並勇於接受挑戰。他活到老學到老，勇於追夢，生命故事很精彩，值得年輕人效法，年初我邀他擔任成功大學通識課程「生涯規劃精英論壇」講師，他一口應允。相信他必能啟發學子莫忘初衷，活出精彩又有貢獻的人生。

——黃肇瑞‧前國立高雄大學校長、
成功大學材料科學及工程學系教授

作者的攝影作品不止展現世界遙遠角落的各種特殊景觀、生物、人文等特色，更重要的是，我們看到一個好奇的靈魂，不屈不撓地在追尋未知和真相，這是最令人感動的部分。

——費文‧《講義》雜誌總編輯

作者是禪的生活達人，以禪的自然、率真旅行，便是禪行者。挑戰極限，，超越極限，多次親訪地球三極，攝影、書寫、演講，豐富了他的生命，也提升了閱聽眾的心靈。他媲美唐朝趙州和尚的80歲猶行 天下，更體現了釋迦牟尼佛的80歲仍然在遊化人間、教化眾生。

——鄭振煌‧中華維鬘學會名譽理事長、中華佛教居士會副理事長
著作《看話參禪》等十多部，翻譯《西藏生死書》等四十餘部

如果與億萬年的地球歷史相比，人類的生命只是宇宙的驚鴻一瞥，但當我們跟著作者的腳步，探索地球的北端，領略極地獨有的純淨美，並近距離關懷那些瀕危動物們的時候，終於了解我們的生命與自然萬物存在著共同的DNA — 那是生命層次的再度豐富，也重新喚起了每個人愛慕自然的靈魂……

——舒夢蘭‧作家、東森新聞主播、《聚焦全世界》節目主持人

《看見真實的北極》精選迴響

1. 劉克襄／作家、中央社董事長

「經過長時守候，瞬間的生動掌握，向來是永恆的最高情境，也是我們對這些稀有物種致敬的一種謙卑方法。」透過好幾回的現場拜訪、熟悉和等待，在按下快門那一剎，他的生態保育和環境意識也盡在照片中流露，構成此一野外美學的核心。這是我在觀看維滄兄的攝影作品，尤其是動物鏡頭的捕捉時，心裡浮現的想像，及他核心思維的認知。七十以後而從心所欲，自然亦隱隱在其中，維滄兄的攝影作品應該擇一地點好好展覽。

2. 林意玲／台灣醒報社長

陳維滄董事長的養生之道，最令我們震撼感動，他每天清晨6點晨泳，工作全年無休，才華洋溢，熱心公益，關心、贊助優質媒體，自奉儉樸，講話中氣十足、氣色很好、身輕如燕，在在令後輩印象深刻呢！

3. 蔡明月／時任政大圖書館館長

猶記得2013年12月在政大發起《夢想與閱讀》系列活動，不論是第一階段「閱讀・極境：陳維滄先生作品集」閱讀心得短文募集，或第二階段「夢想與閱讀講座：壯遊行腳－老頑童追夢之旅」在校園內都造成很大的轟動與迴響，活動相當圓滿。感念於陳董事長長期贊助各大校園鼓勵閱讀，幫助圖書館提高學生閱讀興趣，推動各種閱讀活動，出錢出力，不遺餘力，造福莘莘學子，情懷令人感佩。他的人生閱歷與思想哲學令人折服，他是有福之人，又能將他的福分，藉由推廣閱讀，讓更多人分享，真是人生的大智慧，政大亦因此成為有福氣的大學。

4. 文馨瑩／淡大企管系副教授、財團法人青年希望基金會董事長、社團法人燃點公民平台常務理事

作者一而再、再而三地寫明他極地拍攝的幸運和感恩，我卻讀出他字裡行間對攝影的專注和堅持、對人生的關愛和牽掛，不只是罕見絕美的極地景觀、萬中擇一的絕種動物，而是陳董對身邊專業團隊護持的感恩，還有對家人無盡的情愛。原來，《看見真實的北極》，也讓我看見真實的陳維滄！

5. 鄭俊德／「閱讀人」網站創辦人

「閱讀人」在近期分享陳維滄董事長之前提供的影片與簡介，有近13萬人欣賞了陳董事長的影片故事。近3萬人看完影片，有近5千人有點進書籍購買頁，深度了解，祝福《看見真實的北極》新書熱賣。

6. 黃作炎／旅遊作家、節目主持人

讀完《看見真實的北極》，再與先前2004年之作《夢想南極》相對照，書本的開數，左右翻頁不同，從獨行踽踽的書封，轉為北極熊家族的書封，更見觀察面向的轉變。從初探南極、北極時，被純淨、雪白的大地所震撼，加深對極地的探索意願，一如陳維滄說自己得了「極地遠征症候群」，曾先後多次探訪南極和北極，他說：「極地探索對我而言，不只是為了探險，而是想要超越自我，以及心靈上更深沉的召喚。」展讀此書不只開啟對旅行的另一種層次，更提升自己心靈層面的反思。看到不同物種，北極熊、馴鹿、海鸚、企鵝等極地生物的生態觀察，反省人們對地球資源的濫用，踏著雪地冰冷的心，走進自己對其他物種的關心，不覺讓自己的心靈沉默起來。人生行旅，看山看水看生態，他已走出旅行另一層的探索。

7. 徐瑞萬／美國愛荷華大學工程力學博士、陽明山中山樓築總工程師

陳維滄應當出書，繼續在許多不平凡的地方留下足跡，讓沒有機會或沒有能力旅遊的人，可體會到稀罕地方的人文與地貌。恭喜他在人生路途上又向前跨了一大步，我們都非常讚歎他的精力充沛，以及畢生

孜孜不倦地將理想貢獻給社會。這本書最讓我感動的是，他描述在外出旅行探險中，還溫馨地帶著全家人一起外出；和女兒一起尋熊，生動而精彩；頭一次看到他對父母親的描述，讓我心有非常深的感受。有很多事情是我從來沒有聽他說過，但他雙親慈祥和堅毅的形象一直非常深刻地在我腦海中，也體會到他的個性是雙親優點的組合，能在書本上懷念父母親，一定讓雙親無比欣慰，他真是個孝順的兒子。這讓我覺得這本書更加深了另一層非常珍貴的意義。

8. 呂艷芳／人文攝影家

陳維滄的攝影作品壯觀遼闊，讓人震撼，尤其前面幾張瀑布，拍得很好，讓人印象深刻，動物取景角度多元，讓人可以有不同角度去欣賞，可以看見陳董在現場多麼用心去捕捉！很佩服他一直遠離comfort zone，挑戰自己的極限，落實精彩人生的企圖心，將經濟功能發揮極大化，真的要向他學習！在旅行中與他多次接觸後，就會發現陳董是一位懂生活樂趣，很靈活，很有品味的人。他發心作公益的意念，利他利己，令人敬佩！

9. 何萬順／國立政治大學語言學研究所講座教授

很羨慕作者陳維滄的際遇、很尊敬他的毅力、很感謝他的付出。謝謝作者，因為「你是我的眼」，帶我經歷了極地。我喜歡他的攝影，沒有門檻，沒有商業攝影的匠氣與矯飾，但張張都呈現出精緻與巧思；他也沒有藝術攝影的晦澀與做作，但處處精準且深刻的傳達藝術、自然與哲學的訊息。欣賞他的作品，你只需要靜下心來，輕輕地且慢慢享受。當我們對景象心有所感時，溫柔地問自己：「我為什麼感動？」海上遠處是一艘輪船，是工業產物。而近處是岸，岸上一隻企鵝引頸佇立在一大群雛鳥當中。雙方是對峙、是相望、是守望。中間是淡藍的海，靜靜的、中立的海，漂流著兩塊破碎而無力的冰山；還有一艘橡皮艇上站著一個人，狀似雙臂平舉，是射擊也是攝影的姿勢。岸上隱約也有另一個人，在雛鳥群的最前方。攝影者呢？他是企鵝的眼，他在企鵝群裡。

10. 高美華／國立成功大學中國文學系前系主任

開闊的胸襟和視野，是陳維滄董事長帶給大家最可貴的禮物；而低調認真周到的態度，更是令人如沐春風愛的傳遞。陳董事長在追求理想的同時，對家人的尊重和互相提攜，力求圓滿，總讓我深深感動。極地，是最孤寂的荒野，在冰封大地上攝影，更是面對自我最徹底的洗禮。勇氣、耐力、體能……缺一不可，還有慈悲、美感、生命的真實體悟，都是每一段旅途圓滿的基石。讓人重新思考什麼是執著？什麼是真實？什麼是突破的勇氣？什麼是包容與愛？讀這本書，我看到浩瀚的乾坤及個人的渺小，但四海一家的凝聚力量，帶來的喜悅，實在令人驚嘆！

11. Lillian Lee／資深文字工作者

人類因有夢想而偉大！在我看來，有夢想而又能逐夢踏實者，才是真正的偉大。大多人都有夢想，多半也僅僅是夢，但想都別想！

啊，南北極，好遙遠、好冷喔！可是，有人卻多次來去南北極，樂此而不疲！到底是甚麼動力、甚麼吸引力，讓這位老頑童、不老探險家，願意冒著 冽酷寒的天氣，去到冰天凍地的南北極？老頑童的心靈，一定有個挖不完的、源源不絕的、用之不盡的，無底洞寶藏，不然都已經八十了，他的精力為何還是如此旺盛，讓凡人都難以望其項背！

每一個剎那即是永恆，一切的一切，都是上天最好的安排。無論是，手到擒來，不費工夫，讓您喜出望外，樂不可支的鏡頭；抑或是，眼花撩亂、手忙腳亂，令人扼腕、沮喪的漏網鏡頭。誰說這一切不是上天刻意的安排！有智慧的老頑童，就能馬上體會到，夢幻生滅，變化無常，應無所住而生其心。皇天不負苦心人，這幾年下來，因為努力、用心，果實纍纍，從不斷出版的書籍，我們見到您豐碩的成果。身為晚輩，由衷的為您感到驕傲與喝采。

從《飛鴻雪泥》到《看見真實的北極》，看見您一步步地，走入自己的內心世界。也看見您為地球，日亦暖化的危機，大聲疾呼。祈願您，永遠可以做自己想做的自己！ 也祈願，我們的母親，地球，盡快得到療癒，繼續撫慰我們這群無知的子民！

《旅行中看見真善美》推薦序

關懷地球
陳維滄真善美的主軸

文／張國恩

　　陳維滄先生，是東海大學第
三屆經濟系傑出校友，《東海經
濟60周年職場講義》報導他是
「一直追夢的老頑童」，是一位旅行攝影作家。他上山下海，乘熱氣
球空拍非洲、土耳其；搭破冰船遠赴南極、北極；六度到西藏，甚至
兩度探望痲瘋村，關懷被世人遺忘的社會邊緣人。

　　據早期校友表示，他學經濟，卻擔任第三屆畢業紀念冊的攝影、
美編兼總編輯，讓每位畢業生都有個人小傳之外，也開闢漫畫以增趣
味。創意的編輯風格，即便現今看來，仍然走在時代的尖端。

　　難能可貴的是，他一直思考，究竟為誰辛苦，為誰忙？什麼是真
正的幸福？什麼是真、善、美？這從他的幾本著作中，可以感受到他
的考量思索，以及他對真、善、美理念的執著。

　　陳校友努力追求夢想，不僅利用文字記錄旅途所見，並且透過攝影機的第三隻眼，如實記錄親眼所見的景物，過去，他的著作不少，從第一本書《飛鴻雪泥》（2002年）到《夢想南極——荒冰野地的魅力》（2004年）、《那些極境教我的事》（2010年）、《看見真實的北極：不老探險家帶你與北極熊相遇》（2017年），每一本書都有特色，都具備這個主軸。

　　最近，剛由荒野保護協會出版的《鶴采》攝影集，圖片精美，獲得熱烈的迴響，雖然維滄校友身無雙翼可與鶴一起翱翔天際，但他願意為捕捉一個鏡頭而枯守等候，難怪鶴也願意「心有靈犀」地留下牠的倩影。

　　《旅行中看見真善美：探索人文國度，走訪聖堂險地》則書寫他這一生重要的人文遊歷；為了回饋母校，將這本迥異於坊間旅遊的新書，授權由東海大學圖書館出版，並表示願意將此書銷售所得，悉數提供優秀清寒生申請獎學金，其關懷母校、熱心公益，「人飢己飢、人溺己溺」的胸懷，讓全校師生與校友們敬佩不已。

　　閱讀陳校友的著作，知其自小隨父母到日本；回台灣求學、就業，奮鬥事業；事業有成之後，即急流勇退，追求夢想；如今還持續以「第三隻眼」書寫旅遊教他的故事，我們欣賞他圖文並茂的新書，看到他築夢踏實、光彩亮麗的一生。

（張國恩，東海大學現任校長）

《旅行中看見真善美》推薦序

知識來自書本
視野取於旅行

文／王茂駿

「知識來自於書本，視野取之於旅行」，拜讀陳維滄校友諸本旅遊大著：《飛鴻雪泥》、《夢想南極》、《那些極境教我的事》、《縱橫極地》、《魅力非洲》、《看見真實的北極》等書，不禁感佩前人經常說的：「讀萬卷書，行萬里路」的真諦，正可以用上面的兩句話來加以涵蓋與呈現。

陳校友是東海第三屆的經濟系學長。本校66周年校慶，也是第三屆校友畢業60周年在學校重聚的日子；適逢圖書館配合校慶活動，特意舉辦「珍藏最愛第一聲：臺灣雜誌創刊號展（1949-1987）」展覽活動，邀學長親自參加開幕式，暢談他的旅行見聞。

誠如陳學長所說：「許多人為旅行而攝影，我則是為攝影而旅行」，而他的攝影「不是苦悶的象徵，卻像是苦行僧的修練。」同時在「經由人生中一次次的旅行，領略了異國文化的真善美」，已讓他

▲ 勇於挑戰的陳維滄，在撒哈拉沙漠中一躍而下，隊友們捕捉到瞬間畫面。

「內化成為閱歷的一部分」（引《飛鴻雪泥·自序》語）。因此在這本將出版的書中，特別羅列〈悲憫上帝的兒女──痲瘋村之行〉，記載他親眼所見的景象，不禁令人動容與感佩其用心。

　　當然，雲遊四海，始終未曾忘本，除了用文字寫〈探險基因：超越與重生〉來想念母親，同時也寫下〈感念父德澤，子欲養而親不待〉的篇章（見《看見真實的北極》）；更想到自己的所在地台灣，在《飛鴻雪泥》留下〈美麗寶島臺灣〉單元，新書中並用空拍鏡頭，〈欲窮千里目〉的單元，介紹故鄉──埔里，符合他引用蘇東坡詩作：「人生到處知何似？應似飛鴻踏雪泥」，留下指爪，但仍「復計東西」的作為。

　　「君自東海來，當知東海事」。相信陳學長一直關心母校的發展，早期東海生活的點滴，也曾深刻留在他的內心深處，如勞作教育，開架式的圖書館，學校的團契活動，以及經濟系的養成教育等等，若能以他的鏡頭，進行不同角度的獵取，應當可以呈現今與昔的對比，透過他的第三隻眼與文字，相信能為東海留下更多、更值得供世人目光與留心的鏡頭，也為學長的周遊世界之後，回歸家鄉的佇足之處，添增一份美好的記憶，同時也是未來成立「東海文庫」中的一大亮點。

（王茂駿，前任東海大學校長）

《旅行中看見真善美》推薦序

從《珍藏最愛第一聲》
到《旅行中看見真善美》

文／楊朝棟

　　配合創校66周年校慶，本館就陳維滄學長捐贈的三千多種「華文雜誌創刊號」，精選台灣於1949年至1987年間出版的創刊號，共3800冊進行展示。在這次的展覽活動中，館內同仁王雅萍小姐編撰《展覽簡介》，提供蒞臨的來賓參閱；志工謝鶯興先生彙編〈陳維滄文化活動簡表〉，讓大家可以瞭解陳學長何以會有華文雜誌創刊號的蒐集創舉，是其來有自的。

　　藉由「簡表」中羅列學長之前彙集出版的6本攝影書，呈現他不僅熱愛攝影，以鏡頭來記錄所見的影像，更用文字細膩地記載他的所見所聞。

　　就像他在《那些極境教我的事》後記〈行行覓覓，抓住了什麼？〉一開始就說：「攝影，是為抓住那一方世間之影。」因此，他曾細數：記憶中為「當選模範母親而接受表揚的祖母拍照」；「第一次踏上攝影旅途，是1989年」；之後就「年年復行行，我就像老驥伏櫪一般，肩上掛著沉重的攝影器材，行行復覓覓，攝取穹蒼之下的自然景致和文化、生態的風貌」，包含「縱身三極的極地之旅」。讓人想到，何時學長會有一本《三極之外的另一章--

▲ 大吳哥城的微笑眾佛，見證東甫寨吳哥遺址歷史文化。

▲ 1992年聯合國教科文組織將吳哥窟的神廟建築群列為世界文化遺產。

記憶中的東海》之類的攝影集，透過他的第三隻眼，記錄現今的東海，與東海老照片中顯現的景像，如：男生餐廳、文理大道、約農路、行政大樓、學生宿舍、教職員宿舍等建築的變遷，以及早期校友口中經常提到的「夢谷」，以解現今多少東海人只能聞其名，而未能「識荊」的感慨呢？

在「一償夙願，佛國之旅」中，列有＜被歷史湮沒的古蹟＞一篇，介紹他在吳哥遺址的見聞；這些留下的影像，也顯現他關懷人文的一面，也正是他「獨鍾攝影」，是鍾情「在於那份透過鏡頭，取景構圖的美感和悸動。畫家作畫，多半是在呼吸均勻的柔軟醞釀中；攝影構圖，卻是當下意和境的交會」吧！

現本館承其好意，授與出版此書的權利，特略述數語於此，以示祝賀之意。

（楊朝棟，東海大學終身特聘教授、圖書館館長兼電子計算機中心主任）

旅遊俠客陳維滄

文／陳若曦

　　我喜歡旅行，也愛閱讀旅遊著作，尤其有大量圖片者，陳維滄的作品絕對是佼佼者。初次見面和閱讀大作後，欽佩之餘也極度羨慕。

　　我以為自己很慶幸遊過中國每個省，維滄卻則不但遊完中國，還遊遍全世界艱難險地哪！選點尤其擊中要害。譬如，我去西藏兩次，前後接近兩個月，看了很多寺廟，但不如他去三次就碰到哲蚌寺曬大佛盛典。能目睹那一千多平方米的釋迦牟尼佛唐卡呈現山坡上，外加眾多僧尼長跪磕頭和口誦經文，以及信徒爭相奉獻哈達、禮品，還有相機閃光燈閃個不停，滙成了一片燦爛燈海。這情景之熱鬧、感人，多令人羨慕啊！

　　維滄是攝影家，又擅長寫作，堪稱絕配。沒機會到世界各地旅遊者，大可以閱讀其著作解渴，圖片和文字令人如身臨其境，跟著他爬山、乘飛行傘、搭熱氣球等等，保證你樂在其中。

　　維滄富有人文思想，觀察力敏銳，如寫到耶路撒冷的朝聖之旅，引用他閱讀獲得的知識，都令讀者有額外的收穫和喜悅。「深入以色列」的系列報導，對猶太人歷史的獨特解析，都令人刮目相看。

　　他不忘家鄉埔里的情懷也令人感動。寫到83高齡了，還在虎頭山搭乘飛行傘，童稚之心，躍然紙上。那個山頭，5年之內已有7人跳傘喪生的紀錄，但撼動不了維滄放手一搏的決心。儘管飛行只有一刻鐘，對他還是心曠神怡的體驗，也讓讀者分享了冒險家的樂趣。

　　能讀到這本書是福氣，歡迎大家口耳相傳，也為作者喜上加喜。

（陳若曦，作家、《現代文學》雜誌創辦人之一。曾獲國家文藝獎、中山文藝獎、聯合報特別小說獎、吳三連文藝獎、吳濁流文學獎等，小說、散文等各類創作約30部）

不言之中有言 有言之中不言

文／胡元輝

　　每有機會欣賞陳董的攝影傑作，無不驚歎：造物之美，盡在眼前！

　　回憶過往，自己曾因工作或旅遊多次出國，並得以親身遊歷地球上的自然與文化美景。望景嗟嘆之餘，總深自期許，未來當行千里路，方不枉此生。結識陳董之後，發現他是行千里路的真正實踐者，即使路途遙遠、行程多艱，仍不改其志，必親身體驗而後已。

　　陳董不僅經常飛越千山萬水，親身徜徉於人間美景之中，更透過精湛的攝影作品，讓他的友朋得以紙上神遊，共享人類文明的偉大遺跡，共感自然世界的鬼斧神工。我不知他人感覺如何？自己每次瀏覽陳董帶回來的影像紀錄時，都有如臨其境之感，並因而出現與影像對話的心靈悸動。

　　知道陳董出版《旅行中看見真善美》，自是雀躍不已，能有機會先睹為快，更是興奮不止。果不其然，一看到陳董圖文並茂的專書版樣，立即手不釋卷，即使子夜已過，仍無罷手之念。除著迷於陳董躍然紙上的旅途驚奇之外，更為張張精采的攝影作品拍案叫絕。

　　令人佩服的是，這些精采之作不僅得來不易，甚至是冒著生命危險而得以完成。無論是在肯亞搭乘熱氣球空拍時，險些撞到致命巨石的意外；或是到衣索匹亞「地獄之門」爾塔阿雷火山口探險，差點腳部骨折的驚險，在在令人為他捏把冷汗。但種種可能加諸於身的安危顧慮，似乎都未曾阻卻陳董持續不輟的壯遊意念。

　　同樣令人感動的是，陳董遊歷天下，並非單純為了「看見」美景而旅行，更不是為了「獵奇」文化而旅行，相反地，他是要去「感受」地球的真實脈動，去「感應」人類的生命躍動。

　　莊子云：「天地有大美而不言」。自己遇到嘆為觀止的人間美

景時，這句話往往浮現腦際。天地之大美，誠然不落言詮，過多的註解，不僅可能是知識不足的曲解，亦可能是智慧不足的錯解。天地悠悠、大化流轉、行雲流水、自然天成。陳董的攝影作品總能在「不言之中有言，有言之中不言」，真是莊子斯言的最佳註腳了。

（胡元輝，公視董事長、華視董事長、曾任中正大學傳播學系教授、台灣事實查核教育基金會董事長。中央通訊社社長，獲扶輪百周年十大傑出專業人士獎。）

《旅行中看見真善美》推薦序

攝影眼 慈悲心

文／洪銘水

　　認識陳維滄已經超過一個甲子。

　　2021年11月2日是東海大學創校66周年紀念日；我們第三屆畢業生為慶祝畢業60周年，特別返校召開同學會，得以歡聚兩日。圖書館也藉此舉辦陳維滄捐贈母校雜誌創刊號收藏的特展「珍藏最愛第一聲--台灣雜誌創刊號展（1949-1987）」。自從1961年畢業以後，同學們各奔前程、散佈海內外。陳維滄留在台灣，創業有成，不忘慈善事業。我則去國30年之後，應母校之招，回到東海任教，才與維滄再續前誼。

　　印象最深的是，驚覺他不但是個成功的企業家，也是極地探險的攝影家。近30年來，他11次探訪南北極、3入非洲、7上西藏、印度，並及達爾文研究物種起源的加拉巴哥群島。這是何等的氣魄、毅力和近乎宗教虔誠的探索精神，才能達到的境界！我自認這一輩子無法奢及，但透過他的攝影和遊記，使我能享受舒適的「臥遊」。

　　然而，心情的波瀾卻一再被他捕著的影像所撼動。這些影像，不是一般遊客「到此一遊」的紀念照，而是匠心獨運的「攝影眼」，富涵人文關切的即時呈現。我個人作為一個「行過萬里路」、「足遍五大洲」的人文學者，對他的攝影與遊記，由衷佩服！

　　早期，他對人跡罕至的南北極情有獨鍾。除了攝取奇異的自然景觀，他以守株待兔的耐心，拍到北極小熊出洞，母子相依的親暱影像。我想，拍攝這樣的影像，足以顛覆我們人類對動物「野蠻」的成見。

　　在此呈現出其精彩動人的影像，讀者另外也可以閱讀他已出版的書籍：《飛鴻雪泥》、《夢想南極》、《那些極境教我的事》、《縱橫極地》和《看見真實的北極》等。相信這些書可以讓我們體會到人與自然共生、和諧共存的連繫，從而得到反思的機會。

▲ 遠眺白雪皚皚的8000公尺以上群峰，近觀鮮明多彩的旗幡層次，此情此景幾人能悉心收攝。

　　這一次出版的《旅行中看見真善美》，陳維滄更進一步探索另一種極地，也就是世界上比較原始孤絕的地域：尼泊爾的高峰雪地、衣索比亞的火山、鹽湖、窪地、達洛爾奇幻的世界，希臘孤懸山頂的邁泰奧拉修道院，以色列的死海，伊朗的清真寺和大巴扎，克羅埃西亞的雲水間，土耳其的岩石群落，吳哥窟的遺址，緬甸佛國的落日與曙光，敦煌的莫高窟與鳴沙山等地的奇觀異景，以及孟加拉艱苦生活其間的人群……。陳維滄對這些地方的人文、歷史、地理都有他自己的觀察與接觸，並在遊記中穿插很多趣聞故事。尤其值得特別一提的是，他對保留波斯古文明的伊朗，做了深度的導覽，也等於是為伊朗作了一次「平反」的宣告。

　　簡而言之，陳維滄從追逐極地的自然之美，過渡到探索人間的人文之美。他以純淨的「慈悲心」去觀照散佈在世界邊緣角落的原始純淨的原住民，從而得出一個觀察：世界上這些原始純樸的地域，最美的風景是「人」。我推薦這一本不尋常的書，因為它可以激發我們的視覺與心靈。

（洪銘水，東海大學前文學院院長，著作有《臺灣文學散論──傳統與現代》，編有《臺灣短篇小說選》、《東海大學五十年校史》。）

他山之石，可以攻錯
關於深度旅行之我見我思

文／陳維滄

旅行在我看來還是一種頗為有益的鍛鍊，心靈在旅行中不斷地進行新
的未知事物的活動。

——法國作家蒙田（Michel de Montaigne，1533-1592）

依「旅遊進化論」（Travel Evolution）來看，旅行可略分為：觀
光旅遊、登山健行、深度旅遊。深度旅遊又包括：公益旅遊、生態
旅遊、壯遊；我偏愛深度旅遊，一生的遊歷，集結成我的「人生壯
遊」。

攝影旅遊近30年，足跡幾乎遍及寰宇。因此，常被人視為旅遊
攝影家，但我卻對「攝影家」這個頭銜不敢掠美；我心知肚明，自己
對相機的專業知識其實一知半解，通常只開啟「P模式」就可拍遍遊
程。但為什麼我的作品能讓人肯定，除了遺傳到母親的藝術基因外，
靠的勤能補拙，把吃苦當吃補。

因此，我攝影是竭盡所能地以不同的角度拍攝。同一景點，一去
再去，一拍再拍。也許「天公疼憨人」，我比別人多了一份好運氣，
例如「國家地理頻道」紀錄片《極地熊寶貝》製作團隊花了14年跟
拍，仍沒拍到小北極熊出洞初探世界的影像；我第5次去北極，卻幸
運地拍到3隻小熊出洞的珍貴畫面。

林語堂說：「一個真正的旅行家必是一個流浪者，經歷浪流者的
快樂、誘惑和探險意志。」

當然除了「傻氣」、「運氣」之外，探險的「勇氣」也是旅行攝
影的「基本配備」。

30年前，新疆月牙泉綠洲的滑翔翼飛行，設備簡陋，想嘗試這種
令人望之喪膽的三角形輕型航空器，需要鼓足勇氣，克服恐懼。我是

早期台灣少數敢於接受飛行挑戰的先鋒，現在回想起來，雖然捏了一把冷汗，卻也慶幸自己因此訓練出異乎常人的膽量來。

英國哲學家法蘭西斯・培根（Francis Bacon）說：「對青年人而言，旅行是教育的一部分；對老年人來說，旅行是閱歷的一部分。」

老子《道德經》即有「千里之行，始於足下」之說。詩聖杜甫的〈壯遊〉詩中有云：「飲酣視八極，俗物都茫茫。東下姑蘇臺，已具浮海航。到今有遺恨，不得窮扶桑。」說明了「壯遊」在唐朝已盛行。

「壯遊」是胸懷壯志的遊歷，旅遊時間更長，行程挑戰性更高，人文社會互動更深，特別是經過規畫，以高度意志徹底執行。

事實上，中國歷史上不乏一些偉大的壯遊者。漢朝司馬遷堪稱「文化壯遊者」，他經父親太史公司馬談的悉心栽培，有計畫地「壯遊」中國各壯麗河山，才能寫出震古鑠今的《史記》。唐朝的玄奘是「宗教壯遊者」，他取道絲路抵達印度，17年的歷險，幫助他得以完成《大唐西域記》。在西方，發表《進化論》的達爾文，以及發現新大陸的哥倫布，乃至寫出《馬可・波羅遊記》的馬可・波羅等，也都是了不起的壯遊者。

其實不少旅程，都超過我能力所能負荷的，但是「明知山有虎，偏向虎山行」，靠著自我鞭策，一再克服心結，歷經一次次的深度旅行，領略了不同文化的真、善、美，那不但內化成為我人生閱歷的一部分，更讓我一再思考：他山之石，應該如何攻錯？這不僅是追求個人的夢想、幸福，在未知的將來也才能無憾地離開人間！

《旅行中遇見真善美》精選迴響

1. 蘇正平／曾任行政院新聞局局長、中央通訊社社長
一直很喜歡陳維滄董事長所出版的好幾本書，《在旅行中看見真善美》照片拍得真好，讓我開了眼界，書中配合更多、更洗鍊的文字，也就更具有知識性，同時也進一步呈現他的人文思維。我學習很多，也真心感謝。

2. 妙熙法師／人間福報社長兼總編輯
陳維滄董事長的新書《旅行中看見真善美》讓我感到十分欣喜，從封面到內文的排版都有創新，每一篇文章和圖片皆具國際水準，謝謝他的分享。祝願處世無畏 和平共存！

3. 楊茂秀／教授、毛毛蟲基金會創辦人・兒童哲學教育推動者
本書封面是陳維滄手持攝影機站在沙漠上，而封底與書背是駱駝在沙漠上行走。這部書的攝影與文字，都出自陳維滄先生的手──應該不只是手，而是整個人，包括身、心、靈！他的文字，充滿敘事的智慧，是散文詩的上品。這部書應該是講究教學藝術的人──也就是每一位參與生、養、育孩童的人，不只應該看，研讀，而且要學他常常去旅行，並學會隨手記錄的習慣，回家後，在整理中一再反思，我相信，沒有記錄，不做整理，不反思的旅行，除了獲得浪漫的愉悅之外，只有「可惜」二字能形容了。

4. 劉月梅／荒野保護協會前理事長
帶著《旅行中看見真善美》在背包裡，遇有空閒就會翻閱其中的內容，這是一本非常吸引我的書，能感受到豐富的文學底蘊，探險精神及精彩攝影，十分令人佩服。

5. 于鳳琴／中國北京綠十字綠野方舟理事長
本書既不是蜻蜓點水，也不是走馬觀花，而是登山健行的方式，去旅

行，去攝影，專業而深入，令人深有感觸。

6. 吳福助／東海大學中國文學系退休教授

總之，作者陳維滄這部新著，是以異乎常人的膽識和毅力，歷盡千辛
萬苦，從事寰宇探險旅遊的實況紀錄。整部書內容相當繁複，充滿創
造性想像力，和創造性思維力，令人耳目煥然一新。作者博大胸襟，
與灑脫酣暢的言詞融為一體。縝密細緻，多采多姿，氣勢磅礡，感情
奔放，尤其格調昂揚，讀來頗多蒼茫浩然之感。這部書的廣受歡迎，
行世久遠，即將發揮重大影響，是可以樂觀預卜的。

7. 郭玲玲／中原大學圖書館讀者服務組前組長

《旅行中看見真善美》看到對不同文化深刻的認識，充滿探險與好奇
心，更有十足的勇氣去嘗試任何事物。特別是「悲憫上帝的兒女 痲風
村之行」。痲風村孩子面無表情，一幅幅有著部份殘缺肢體，無助、
惶恐、痛苦的影像，他仍勉強自己按下快門，我看得怵目驚心。想想
那些為痲風村服務的修女與神父，本著基督救世愛人全然奉獻的心，
就如「無緣大慈，同體大悲」的大愛精神，否則怎能長久置身那樣的
環境而無怨無悔？陳董的義行捐助，給予他們最大實質的幫助。這本
深度旅遊書，點點滴滴都捕捉記錄著旅程中的真善美，打開每一個人
的視野，不僅叫人羨慕，這衝勁與熱情，更足以為「壯遊」做了最好
的詮釋，再次謝謝陳董的書所帶來的美好與感動。

8. 羅升俊Paul／美 南加大電機博士、美西玉山科技協會理事、
現於景美浸信會服事

這書本極有份量，沉沉的，很實在。內容十分豐富，特別是衣索比
亞、以色列、希臘和伊朗這4個國家的故事，有更多的體會。P104的
修道院的屋頂壁畫吸引我看了好一陣子，有神秘的美；P129耶路撒冷
的哭牆前面崇拜的人群很震撼、感人；P141 -144伊朗人的笑容非常
燦爛可愛；P203土耳其熱氣球體驗也很精彩；P240談到如何拍攝布
達拉宮的照片是很有用的學習，看見跳脫慣用拍法，採用別具巧思的

攝影方式來拍布達拉宮,頗具啟發性。

9. 林雪紅／中華維髮學會副秘書長

捧讀陳維滄董事長的《旅行中看見真善美》,直覺想到修行者的智、仁、勇。書中內容,後學有幸親聆三場演講,感受益加深刻。董事長的「真」是修行般若、安祥禪;「善」是一輩子作利他行;又因深具人文精神、才氣縱橫、情深心細,展現出無以倫比的「美」。人文精神表現為對於真、善、美的堅持與價值取向。

智、仁、勇三達德。「智」:般若智慧,了知人生宇宙真相;「仁」是泛愛眾,慈悲喜捨;「勇」是由智慧、仁慈而引伸,因此成就一生事業與志業。唐朝詩人劉禹錫對白樂天說:「莫道桑榆晚,為霞尚滿天。」意思是,莫言太陽照到桑榆時,已近黃昏了,霞光餘暉照樣映紅滿天。「人生八六不言老,尤約青雲入筆端。」陳董事長雄心未已,志在千里,有生之年如映紅滿天的彩霞。

10. 陳冠澄(東海大學歷史系學生)

陳維滄學長所著的《旅行中看見真善美》以人文的角度帶領我們探訪世界各大洲的美景,是作為旅遊書籍的入門好書之一。本書以主題式做為書寫主軸,使用「節慶」、「生態」、「佛國」等不同的意象帶出世界各地相似的特色,拋棄過往旅遊書籍使用地理位置做為章節區分的方式,讓我們能以一種新的角度去詮釋「旅遊」這件事物。

他非常在意旅途中的人文互動,他也觀察了各大景點的優劣勢何在,其中又是否有值得借鏡之地。這種以學習的角度去實踐旅遊的方式,也與陳學長所認同之「壯遊」說相符,形成了感性的領悟與理性的分析所交織的深度旅遊。這樣抱持謙虛心態而出發的旅遊目的,是我們應去嘗試的。

透過作者的文字,我在書中進行了一次的思考壯遊,是一次屬於我個人的旅行。或許,你們也可以在閱讀之中,找到這些你與作者有所共鳴的角落也說不定!

《縱橫極地》推薦序

好命人

文／張曉風

在我幼小的時候，出
國旅行是一件不可思議的事。如果你身為大官，好像還有機會去個什
麼華盛頓之類的地方開個什麼會議，順便在白宮草坪前照一張相。

附帶的，照相機也不是人人都能擁有的貴重東西，升斗小民，碰
到有些場面，還得向朋友去借調一部機器。當然，有時是連朋友帶照
相機一起借來--這麼貴的照相機，除非敗家子，誰會去買它或去用它！

好，這兩件事，在從前要一起發生，那真是太難了。「又去到好
地方」，「又有好器材照下了好作品」--天哪，人要多麼好命才會碰到
這兩件好事撞在一起啊！

不過，以上所說，皆屬太古史，聽在現代「少年仔」的耳中，大
概以為是「文化詐騙語言」吧？照張照片，哪有那麼難？不是手機一
按就了嗎？至於旅行，只要有錢，誰敢攔我，想走就走，提腿就成，
不是有104個國家或地區，我們連手續都不必辦，帶張信用卡就可走人
了嗎？

曾經--信不信由你--照相機是被看成神器一般供奉的，窮小子必須
存許久錢才能完成的一樁心願，是水災火災之際第一想到第一個抱起
來就跑的東西。

當然更古老的年代（說白了就是清末民初啦），一般人甚至不太
敢照相，因為覺得照相機像神秘的妖魔，鏡頭一閃，你的三魂七魄就
都被他攝走了。

天哪，這荒謬的想法其實剛好歪打正著，把照相機形容得萬分正
確，照相機想要攝下的，的的確確就是萬物的魂魄--只不過它很仁慈，
並沒有掠走誰的生魂，然而萬物皆為幻身，轉瞬湮滅，地球上的動物
植物每日絕種殞滅如流星，留下的反而是一張張照片吧？雖然--照片也

不見得能永恆，但至少稍稍恆長一些。

我常向攝影者說：「親愛的朋友啊，我多麼希望你拍的不是遺照。」然而--被拍的物種在惡劣的生存環境中，好像往往令我的烏鴉寓言「不幸漸漸言中」。

能像希臘神話中的英雄赫克士到遠方去涉險，（「遠方」？咦，這不是最近大學指考的題目嗎？）完成十二件艱巨的任務，他為了什麼？不為什麼，只為了可以獲取自由。世上成大事立大業的人皆有其不得不然的共同基因，他們抗拒不了「任務」的十字架，他們必須把自己置之死地而後生，否則，就如囚徒般不得自由。

已過退休年齡的陳維滄就是這種「嗜任務」的人--你要視他為好命人也可，他雖少年清貧，青年時期卻賺了些錢，他把錢當工具，從此急流勇退，過起他的「分享生涯」。當然啦，你要「有以予人」，得要「有財」加「有才」才行，這兩者都足以令人心生傲慢，但一轉念間也可以令人低首謙遜，知恩感恩。陳維滄就是這種有好命且惜好命並懂得與人共享的人。

不過，如果你要說他是苦命人也講得通。他取得藝術品的過程有點像特種部隊絕地攻堅，好在上帝是「天道酬勤」的上帝，陳氏每能幸運地得其圖中。

看陳氏的攝影，結論是，我才是那好命的人，一卷在握，南極、北極、西藏、扎龍……無不一一來入目，北極熊在側，丹頂鶴在上，死者在山和雲之間煥然釋放……謝謝你，維滄弟兄，你這極端辛苦又極端幸福的記錄人，你這為我們跑遍天涯閱讀地球的人，你這用無言之言苦勸人類珍惜自然資源的人。

（張曉風，作家、教授、「搶救國文教育聯盟」副召集人。曾任立委，關心教育、文化、環保等議題，著作等身，曾獲中山文藝散文獎、國家文藝獎、吳三連文學獎等，1976年榮獲中華民國十大傑出女青年。）

《縱橫極地》編者的話

慧眼獨具
上山下海入絕境
陳維滄攝影集獨樹一格

文／謝登元

　　陳維滄的經典攝影集在親朋好友的催促和鼓勵下，終於結集成冊。

　　過去，他的《飛鴻雪泥》曾獲選金石堂年度最佳筆記書、《夢想南極》被國家圖書館評為「100大值得一看的好書」、《那些極境教我的事》屢登暢銷排行榜；現在，陳維滄經典攝影集的出版，從20萬張旅遊攝影照片中披沙瀝金，分類精選，堪稱工程浩大，是作品完美的延續，也是人文關懷的延伸。

　　欣賞陳維滄的影像作品，單就外在視覺上的享受，可發現其構圖大膽而獨具巧思、色彩層次豐富漂亮、線條極富幾何圖形特色、對焦犀利快準穩狠；但如果深入內裡探究，會發現他拍攝的一些作品，不自覺地與山水畫有異曲同工之妙，如宗白華在「美學散步」所說：「中國的美學（繪畫、詩詞、書法)注重意境、寂靜悠遠、天人合一，都帶了些禪意。」

　　陳維滄潛意識裡有著東方美學因子，故能用與西方攝影家不同的角度，拍出華人獨特的觀點。這也是為什麼我們在欣賞其極境攝影作品時，除了震攝於雪白蔚藍壯觀絕景之絕美，愉悅於極地荒原飛禽走獸之純粹可愛外，還會發現其有些作品裡，流露出屬於東方的色調與禪意，有時還暗藏著絃外之音，富有深刻的文化底蘊。加上他雖以童心去看世界，但仍有哲學家式的使命感和宗教家式的慈悲感。因此，有些作品明以絕美秘境打底，卻暗以生命關懷收尾，借境喻意，風格獨具。

65

他也擅長利用落日餘暉下，拍出「夕陽無限好，只是近黃昏」的美好與氛圍。其作品光影交錯，效果非凡，不論是大漠中的駱駝隊、胡楊木、扎龍保護區的丹頂鶴，都可看出卓越的功力。

　　這些成果絕非一蹴可及，它是要能夠忍住孤寂和痛苦，以極大的毅力和耐心去守候並完成。他甚至在耳順之齡後，還甘願忍受孤苦，背著繁重裝備，造訪世上最荒蕪、最蒼茫、最死寂、最險惡的荒原、極地、沙漠……。寧可把世人心目中避之唯恐不及的地方當成極樂世界，且甘之如飴。

　　美學大師蔣勳曾說：「孤獨是一種沉澱，而孤獨沉澱後的思維是清明」，陳維滄從孤獨中不斷地反思自己，以更清明的眼光思考拍攝，以更謙卑的態度對待大地。這些照片不但是孤獨下的產物，也彰顯出「剎那即永恆」的真諦。

（謝登元，曾任自立晚報影劇藝文組召集人、聯合報系、蘋果日報編輯。省教育廳《兒童的》雜誌、《音樂月刊唱片評鑑》專欄主筆。曾合著《與100%的距離：臺灣言論自由之進程／國家人權委員會出版》等書）

《縱橫極地》編後語

Most grateful 有你們真好！

文／陳瑞賓

　　「台灣環境資訊協會」自2000年成立以來，為了提供國人豐富的
環境訊息，喚起大家共同守護我們的環境，每日發行環境資訊電子報
從未間斷，出版的書籍亦多偏重學術性質的環保書籍。

　　在全球暖化加劇的現今，極地風光面臨消逝危機，大漠亦可能隨
之遷徙或擴散。陳維滄《縱橫極地》攝影集，內容不僅賞心悅目、更
是雅俗共賞。

　　陳維滄是本會顧問，長期關心環保不遺餘力。多年來更以實際行
動支持許多環保團體，默默耕耘從未間斷，行事風格低調的他一向惜
墨如金，不輕易出手，既不參加攝影比賽，也不舉辦攝影展，拍照純
為自娛娛人，分享親友。當我知道他願把攝影集交由本會出版時，我
如獲至寶，喜不自勝。

　　《縱橫極地》攝影集的催生者是「紅藍彩藝印刷」總經理陳昭
雄。不敵陳總經理三顧茅廬，再三遊說，陳維滄終於允應出書。自
此，兩人更有相見恨晚、惺惺相惜之誼。「紅藍彩藝印刷」擁有全台

灣最先進的軟硬體印刷設備，出版的書籍連獲金鼎獎、金印獎、Sappi
國際印刷大賽冠軍等大獎肯定，這次為了《從橫極地》攝影集，精銳
盡出，動員最優質的美編設計、印刷後製陣容。

　　本書能出版，其中有許多人值得銘感於心，前環保署長張隆盛
教授協助總校訂，名作家陳若曦、宇宙光資深編輯柯志淑幫忙校正，
他們字字句句斟酌推敲，確保文字內容更為真、善、美，張曉風教授
過去為保留濕地所做的環保努力，大家有目共睹，她能撥空撰寫推薦
序，不但最具說服力且有畫龍點睛之效。

　　陳維滄將發行的任務交付本會，無非希望藉此喚起更多人關心生
態環境，期盼協助本會籌措環境保護經費，這又是一番用心良苦！

（陳瑞賓，自然信託與環境資訊基金會 董事長、曾任台灣環境資訊協
會秘書長、2008年榮獲國際青商會十大傑出青年）

《縱橫極地》精選迴響

1. 陳若曦／作家，
曾獲得國家文藝獎、聯合報特別小說獎、吳三連文藝獎

我們同年朋友中，就數陳維滄最瀟脫。天命之年能放開事業王國，毅然揹起相機走登峰造極路。他勇氣過人，忍受酷寒，長夜躺臥雪地中，只為了能按下快門一剎那，留下北極熊母子出洞的倩影，簡直把自己生命置之度外矣！

2. 張曉風／作家，
曾任東吳大學、香港浸會學院、國立陽明大學教授、立法委員

看陳氏的攝影，結論是，我才是那好命的人，一卷在握，南極、北極、西藏、扎龍……無不一一入目，北極熊在側，丹頂鶴在上，死者在山和雲之間渙然釋放……謝謝你，維滄弟兄，你這極端辛苦又極端幸福的記錄人，你這為我們跑遍天涯閱讀地球的人，你這用「無言之言」苦勸世人珍惜自然資源的人。

3. 田弘茂／財團法人國策研究院文教基金會董事長兼院長
一生能做一件有意義的事情，並留給後代，是非常值得的。

4. 胡元輝／現任公視董事長、華視董事長、曾任中正大學教授、
台灣事實查核教育基金會董事長

自然之極境，妙不可言；攝影之極境，樂不可支；陳維滄先生的極境攝影，極盡妙樂之能事。

5. 劉吉軒／政治大學資訊學院教授兼任院長
感謝陳維滄將攝影集大作惠贈政大圖書館，讓政大師生能有機會接觸到山海壯闊人文關懷之真善美境界，深入體會他所實踐的人文意境；我們認為這樣一個宏偉的人文實踐，正是本校師生共同追求的學習目標。

6. 李吉仁／前台大管理學院副院長，現任誠致教育基金董事長

我對維滄兄以逾耳順之齡仍能深入極境，挑戰個人極限，經營出兼具冒險及藝術色彩的豐富生活，深感震撼。維滄兄以征服極境的自我挑戰，建立生命新意，進而帶領身為讀者的你我反思生命的意涵，實具王者的領導風範。

7. 李福井／作家，曾獲圖書金鼎獎及國史館文獻獎佳作獎

這是一本「心」書，必須用心賞讀，才可以看出波瀾壯闊之中捕捉的天機、天趣、天妙。

8. 林義傑／冒險家、國際馬拉松紀錄保持人、
義傑事業股份公司創辦人

陳維滄先生的極境之旅，很溫和地道出了：何謂退而不休，繼續發光發熱！如此一位充滿熱忱與疼惜地球的人士，正是我所衷心景仰的。

9. 羅翎廷／聯合大學 電子工程學系校友

看完這本書，了解陳維滄先生的旅程是有多麼的了不起，古人云：「讀萬卷書，不如行萬里路」。他真的實現古人所說的話，並且把這些影像用照片的方式來跟我們分享，讓我們這些晚輩不用行萬里路，也能夠體會世界的美妙，讓我們知道我們所生存的世界是多麼地令人讚嘆、佩服。大自然經過好幾千年、萬年的的鬼斧神工常常令我陶醉，看著這些美景也讓我常常在想，自己是多麼地幸運能夠活在這世界上。

世界上沒有幾個人可以和他一樣，用生命去拍攝、去記錄每個動物的生活。以前我只能在百科或圖鑑上才能看見這些動物生長的環境，現在透過陳維滄先生的雙手拍攝，加上他簡明扼要的解說，讓這些景象栩栩如生的來到我的面前，彷彿是自己到了三極、和西藏一樣。陳維滄先生的照片也讓我感觸很深，照片中呈現些許的東方之美，但這些美景卻也帶來悲傷，以後的世界不是靠我們就能夠改變的，唯有大家的重視才能保護我們的世界。未來不管會發生什麼事情，我想我還是想跟陳維滄先生一樣，用屬於我的方式讓大家對這個世界有深刻體會，讓這個世界因為我而有點不一樣。

《鶴采》推薦序

漂泊追鶴

文／楊恩生

　　我與陳維滄董事長的相識始於2020年中，當時我正欲啟動南極主題的繪製計畫，卻苦於缺少皇帝企鵝的照片。皇帝企鵝可說是南極最具代表性的動物，卻也是難度極高的拍攝目標，我自己雖兩度參加南極航程，皆因經費與時間的限制而無緣前往皇帝企鵝的棲息地。起初，我向前營建署署長張隆盛先生尋求協助，張前署長是我的舊識，他遊歷寰宇，幾乎拍齊了全世界18種企鵝，卻獨獨缺少皇帝企鵝。張前署長表示國內擁有最多最好皇帝企鵝照片的攝影師，莫過於陳維滄。透過他的介紹，我當下即動身至川流文化教育基金會拜訪。

　　陳董事長一聽我來訪的目的，馬上拿出好幾袋為了編書而沖印的各式皇帝企鵝照片——毛茸茸的幼鳥、溫馨的親子合照、冰上行進的企鵝隊列等，無償供我挑選使用。藉著這些照片，我得以創作出多張

楊恩生 2020.7→

南極先生

水彩畫，包括南極系列中我最滿意的一幅雙全開畫作「皇帝企鵝躍出冰洞」，此畫呈現剛從南冰洋覓食完畢的15隻皇帝企鵝，從冰洞躍上冰面，準備列隊回巢區餵養飢餓的企鵝寶寶。陳董事長說鳥類攝影必須要感動人心，他的攝影作品確實做到了此點，讓我產生共鳴並轉化為另一種藝術創作。

當時初見面，我倆就侃侃而談好幾個小時，頗有一見如故，相見恨晚的感慨。後來得知陳董事長要將歷年至世界各地拍攝鶴類的照片與經歷集結成冊，並邀請我寫推薦序，我一口答應，因為鶴也是我鍾愛的創作主題，這又印證了我與陳董事長的確是聲氣相投。

大約30年前，我有幸接受企業的贊助，執行「世界鶴」的繪製計畫，前往世界各地尋鶴。閱讀陳董事長的圖文，我彷彿又回到阿帕契國家野生動物保護區的黃昏，一小群一小群的沙丘鶴從天際出現，由遠而近，展開雙翼轉為滑翔姿態，伸出長腳，接觸沼澤時順勢向前蹬一兩步緩衝，達成完美的降落。

計畫結束時，我總共為世界15種鶴畫了50多幅畫作，以一個生態藝術家的角度呈現鶴的美麗，也反映鶴的哀愁。牠們的哀愁是暗藏殺機的高壓電線，是盜獵者的槍彈陷阱，是日漸縮減的濕地與草原。

如同陳董事長仍在規畫他的下一次拍鶴之旅，我的鶴創作也有未完之續章。兩年前我到內蒙古草原待上一個半月觀察簑羽鶴的繁殖，預計為既堅毅又優雅的簑羽鶴創作一部繪本。藝術與環保是我與陳董事長共同的志業，以陳董事長超過八旬之齡，仍不斷拍攝、寫作，發揮影響力，其所展現對萬物生靈的關懷，對個人生命價值的追求，著實令吾輩欽佩不已。

（楊恩生，水彩畫家、曾任方舟生態藝術有限公司執行長及藝術總監。探訪世界荒野，創作主題轉向野生動物。任教於國立台灣師範大學創設獨一無二的「生態藝術學程」，並投入繪本創作。）

《鶴采》推薦序

鶴采 喝采

文／劉月梅

鶴，

翩翩起舞，自在飛翔，

每一個動作，都顯出牠的優雅，著著實實的鶴采。

人，

認真努力，與鶴相遇，

捕捉每一個鶴采，分享精美的景象，這種努力值得給予喝采。

　　雖然維滄大哥是荒野保護協會的顧問，但我卻未曾跟他碰過面。
2020歲末，他打電話到協會，約我到基金會見面。因為不認識，也不
知該聊些什麼，我帶著緊張的心情前往。沒想到吧？我的緊張根本就
是多餘的！

　　因為他始終面帶微笑，既健談且學養豐富。我們聊著《荒野快
報》的文章，他分享書寫的建議，並送我極地所拍精彩照片編輯成的
攝影集。回家後，我一頁一頁地看著他書寫在極地拍照時的紀錄及心
得，更有與家人之間的書信。看著每一篇文章，想像他在書中描述的
場景，面對白皚皚雪地上的孤獨，此時，家人溫暖的問候是心中最堅
強的力量，頓時覺得無論遇到再大的困難，家人的支持總能讓人鼓起
勇氣。

　　我佩服維滄大哥的冒險，因為這要有很大的勇氣，我也佩服他的
家人支持他去冒險。看完攝影集後，我滿滿的感動，也漸漸與維滄大
哥熟識。

　　2021年初，為協會刊物的編輯與印刷，我帶著秘書們一起前往川
流文化教育基金會向維滄大哥請益，他不但傾囊相授，更主動提出今
年年底將出版攝影集，並提供給協會使用，每每跟維滄大哥聊天，都
能感受到他為社會、弱勢團體的無私付出，更能感受到他對我們這群

弟弟、妹妹們的疼愛。

「鶴采」，是這本書的名字，當維滄大哥邀請我寫序時，我腦海中頓時出現同音的「喝采」二字，真是美的搭配。我將感受書寫成類似新詩之文，分別放在文章前及後，互相呼應，與您分享。

鶴，

悠然地過著自在的生活，鶴的每一展翅或停棲，

都展現其生命中的鶴采。

人，

認真努力地為自己的理想，願意忍受著各種的考驗，

生命中的點點滴滴都值得為其喝采。

看鶴采，感受人生。

看鶴采，為自己的努力而喝采。

看鶴采，為自己的未來人生認真努力，回憶時，為自己喝采。

（劉月梅，資深教育工作者。研擬眾多特色創意教案，曾兩度獲得教育部教學卓越獎佳作。因熱愛大自然，投身荒野保護協會服務，長達27年，並擔任第9屆理事長，至2022年6月卸任）

《鶴采》自序

天涯追鶴行

文／陳維滄

　　對於敏銳的攝影者而言，天地之大美、萬物之有情、人間之冷暖，甚或殘酷與哀愁，無一不是入鏡的好題材；攝影作品最重要的是能一新眼目，感動人心！我深信，有生命張力的作品，光影背後常有引人共鳴的故事，化剎那為永恆；我的鳥類攝影也建立在這樣的觀點之上。

　　我偏愛拍攝情操高貴的鶴鳥，以及飛山渡水的候鳥；他們的傳奇性、故事性，能帶給人們省思。鶴具有吉祥、忠貞、長壽的寓意；多數鶴類都忠於一夫一妻制；牠們沒有禮教規範，卻展現了至性至情，不也是值得人類效仿的「模範夫妻」嗎？

　　2003年冬天，我在北海道雪景中初遇丹頂鶴，被牠的靈性與高雅吸引，從此接二連三赴日與丹頂鶴續緣；難忘牠們於漫天飛雪中的蹁躚起舞，在冰天雪地中對天鳴唱，優雅曼妙的求偶過程。又遠赴黑龍江扎龍保護區記錄丹頂鶴孵化雛鳥的精彩歷程，難得見到雛鳥破殼而出的珍貴畫面。

　　鶴的種類繁多，除了丹頂鶴之外，美國的沙丘鶴、美洲鶴，中國貴州草海的黑頸鶴、吉林莫莫格的白鶴、印度的蓑羽鶴、赤頸鶴，都一一入鏡；更遠赴非洲肯亞一睹百萬紅鶴聚集的壯闊景象。感謝方舟生態藝術有限公司執行長楊恩生老師的指點，告訴我們「紅鶴並不是15種世界鶴的其中之一種」！針對提醒，細察得知，紅鶴為鳥綱、紅鶴目、紅鶴科、紅鶴屬；幸而出版此攝影集，僅是分享鶴丰采，而非作鳥圖鑑教學，收錄這單元，遂成為美麗的錯誤，也與愛鳥人一起長知識。

　　我也鍾情於拍攝候鳥，特別是瀕危保育類；他們稀有且獨特；那大規模遷徙過程，特別令人感動。儘管嚴峻天候、續飛的耐力等帶來

諸多考驗，但牠們的堅強意志仍不受摧毀，展現出堅苦卓絕，患難與共的美德。

　　候鳥遷飛常是數千逾萬公里，飛渡千山萬水，年復一年，從不懈怠也不會迷航，箇中艱辛，人類很難想像！飛行中，呈現嚴明紀律的團體規範，井然有序，牠們誰在前？誰在後？如何行動？端賴「領頭鳥」與鳥群之間自發性的默契和共識。人類社會依靠法律規章以維持秩序，但鶴鳥、候鳥並未發展出這種文明，何以能做到連人類都不一定能夠充分做到的事？在科技如此發達的21世紀，閱兵大典上的空中分列式頂多9架飛機列陣並飛，而成千上萬隻的鳥在空中絕不會相互碰撞，這真是不可思議的大自然奧秘！候鳥內部隱然建立的「生存守則」，讓牠們彼此約束、互助合作，不論起飛、飛翔、降落、覓食、求偶等過程都循序前進，不偏不倚，因而能維繫生存於千萬年不墜，牠們群體飛行時遮天蓋地，視覺上呈現「數大便是美」的壯觀場景，也讓人驚豔不已。

　　為此，我對千千萬萬的鶴鳥滿懷感恩之情，是牠們成就了這本攝影書，透過攝影，讓我們在真、善、美中體會愛與和諧！

《鶴采》後記

為鶴鳥留影 向大自然致敬

文／姜捷

　　因著陳若曦與張曉風兩位作家引介，認識川流文化教育基金會陳維滄董事長，品讀他諸多出版品，深深觸動我心；近百坪的川流辦公室有如小型美術館，典藏的藝術品及圖書無數，加上陳董的數十萬張攝影作品，有如一座寶山，在挖寶的喜悅中，祈願他的見聞感悟及精彩攝影作品，能夠有系列地出版，讓人們得以一窺他長年以來累積的心血結晶！

　　他曾出版多部發人深省的暢銷書，網上隨手可查詢得到他的演講、專訪等傳奇故事；最令人難以置信的是，他展開高難度的人生挑戰──扛著相機重裝備，上山下海，極地探險，寰宇壯遊！

　　天涯追鶴是他壯遊中的美麗篇章，緣自於他對丹頂鶴的一見鍾情，愛上鶴的高貴優雅及忠貞美德；然而，在拍鶴過程，他發現有許多雪雁、雪鴞、藍腳鰹鳥等非鶴類，也都是終生忠於伴侶，不棄不離，此外，候鳥群體生活的危難互助，每年遷徙越冬的堅忍毅力，都值得人類省思並學習。

　　早在12年前，時報文化總編輯李采洪就已積極邀請他出版鳥類攝影書；但他生性低調，因為，當時（2010年8月）面世的《那些極境教我的事》，在出版後即成為5刷暢銷書，探訪、演講邀約不斷，打亂了他的生活，因而他婉拒再出新書；而今，喜見鶴與鳥之書整理集結出版，期望透過精彩生動的攝影，讓人們了解大自然的奧妙，體悟物種和諧的保育心！

　　陳董的鏡頭與筆鋒都「常帶感情」，他偏愛在晨光與夕暉中捕捉鶴影；他的攝影重視構圖之美，創作原則是環境背景好、光影佳以及故事性高；他描述拍攝過程，餐風露宿，雙足深陷泥濘，忍住小蟲叮咬，經常耐心守候數個小時，甚至一整天，都甘之如飴；他以仰角、

　　俯視各種角度，擷取不同神采；也擅長抓住機會快門，捕捉可遇而不可求的剎那即景……其中艱辛，不足為外人道矣！

　　30年來，他跑遍南北極、五大洲，幸運地拍到世界僅存15種鶴鳥中的10種鶴，實屬難得！但在編輯過程中，驚喜地發現還有許多珍鳥留影，同樣也毫不私藏地一一收錄在攝影集裡。

　　拍鳥所帶來的啟示，常在他的心懷，寰宇拍攝鶴跡鳥蹤，大部分都是非常艱苦的行程，在這些美美的、壯觀的攝影背後，常有他的深切體悟；因而，這本鶴鳥攝影書，不只是單純地美感欣賞，還見證了真理與善念，並以行動關懷大自然生態。

　　陳董以攝影為守護大自然萬物請命，他不斷嘗試新挑戰，忘齡、忘情、忘言，無怨無悔、不虛不枉！

（姜捷，資深新聞從業人員、作家，《天主教周報》前總編輯。著有《相依於海──狩獵離島紀行》獲1994年新聞局專題報導類金鼎獎、《絕響--永遠的鄧麗君》等18本詩文出版品）

《鶴采──陳維滄攝影集》精選迴響

1. 費文／前《講義》雜誌社社長
台灣需要這本書！維滄兄的鏡頭與文字所展現的是他內心積極、溫暖和最敏感的一面！正是目前台灣最需要的，因此大力推薦。

2. 戴金泉／前國立實驗合唱團指揮
「山色豈非清淨身」大自然森羅萬象，都是佛性的顯現。陳維滄以眾生、山河大地為素材，縱橫極地，從極境中啟悟真理，將藝術與修行合而為一，佛曰：「一切眾生，悉有佛性」，他的慈眼視眾生，常存平常心。

3. 梁玉明／曾任《中華禪學》雜誌主編、前圓覺文教基金會秘書長
《鶴采》可見作者暨攝影者陳維滄的心血，以圖文並茂的方式呈現，真是令人感到欣喜。淺藍深藍，淺褐深褐，完全是天空與大地的色彩，給人一種置身天地間、與萬物融為一體的寧靜感。鶴舞的身影彷彿踏著仙樂而來，有幸得見的人，自不免沾染了滿滿的仙氣，有些飄飄然起來。

4. 宋文琪／曾任台北101大樓董事長、總統府國策顧問
陳董遊遍世界，用鏡頭紀錄美好！期盼他能持續整理數十年的精彩攝影紀實出版專輯，嘉惠我們這些永遠無緣與那些精彩時刻相遇的凡人！

5. 游瓊瑛／書法家
閱讀陳維滄的《鶴采》攝影集，好驚艷！每晚總愛欣賞，看著，看著，再入睡。看這些來自世界不同地方、不同種類的鶴，神遊進入夢鄉。鶴有著細長的腳，輕盈、秀美，那飛翔的身影，是天空最浪漫的印記；牠優雅而高貴，不論覓食，或展翅，或群聚，或三兩隻，陳維滄透過相機留下永恆的記憶。

6. 郭純純／室內裝修學會秘書長、設計師、畫家

值得敬佩陳維滄　早早退休是哪椿　鏡頭追蹤護生態　攝影行腳極地探
一新眼目景像憾　不斷冒險毅力強　藝術環保富學養　享譽藝壇虛谷樣
獨愛鶴鳥高情操　飛山渡水是候鳥　嚴峻天候不懈怠　有序紀律不迷航
堅強意志難想像　瀕臨保育不容緩　漫天飛雪表情愛　蹁躚起舞天鳴唱
廝守終生共患難　忍受考驗值喝采　忠貞長壽又吉祥　欣賞鶴姿買鶴采

7. 陳聖／川流中學校長

（川流中學為陳董響應內地希望工程所創辦的學校）

我為丹頂鶴寶寶的問世而激動、慶幸，為牠的成長而擔憂、祈禱——
牠那黃棕色的絨毛、可能因饑餓或要向爸爸媽媽撒嬌而張開的嘴巴、
還有那圓溜溜的黑眼睛，怎能不讓人牽腸掛肚！丹頂鶴夫婦是幸福
的，牠們立在枯草泛黃、草籽成熟的廣袤原野中，呵護著剛剛脫殼的
孩子，企盼著另一枚卵也能早點為家庭再添新生，看到這個定格的瞬
間，我對幸福有了返璞歸真的感悟。在我的心目中，陳董是一位行
者。不論是為拍攝鶴鳥在日本、大陸與印度、美洲之間輾轉奔波，還
是勇赴極地、關懷痲瘋村、攀登珠穆朗瑪峰，一以貫之的，是他熱愛
自然，悲天憫人的大愛之心和公德之心！即使高齡仍為理想和公益而
努力的他，怎能不讓我油然而生敬意！喝采！

8. 董海／川流中學教師

陳維滄沒有用華麗的詞藻，而是用精彩生動的攝影，去詮釋真理與善
念。30年來，他跑遍南北極、五大洲，風餐露宿，深陷泥濘，捕捉可
遇而不可求的 那即景，其中艱辛，不可言喻！許多珍貴鶴影也毫不私
藏，一一收錄在攝影集裡，與世人分享。這本鶴鳥攝影集不只是單純
的美感欣賞，更是一種精神追求，真、善、美的見證，守護大自然萬
物的請命，「鶴行川流萬里道，大地有情德為長。」既是題目，更是
我對陳老的美好祝願！

9. 郭玲玲／中原大學圖書館讀者服務組前組長

展讀《鶴采》，十分驚艷這攝影集製作之精美與細膩，印刷用紙足以使每幅影像能裝裱掛於牆上，時時刻刻欣賞。為保護軟質封面，加了透明的膠面，能一眼看到絕美的影像。前後蝴蝶頁（環襯）以淡灰藍為底色，佈滿各式姿態的鶴，紙質柔細，與書中鶴姿，相互輝映，溫柔而典雅。文中搭配的插畫，也十分的雅緻。拍鳥是一個極需體力、意志力與狂熱堅持的行動，陳董這本《鶴采》，他的美感與毅力深深撼動我的心。透過他感性、絕佳的攝影眼，鶴家族從出生、育雛、護幼、成長、求偶、親情、與大地萬物、人類的共處，是非常令人動容的。

10. 端光長／台灣天主教會新竹教區副主教

自從疫情以來，原先在安養機構服務的志工們無法進入機構服務，許多志工只能待在家中。感謝有幸能與志工分享川流文化教育基金會陳維滄董事長的攝影集《鶴采》及《寰羽》，一同品味他南征北伐，周游世界各地追鶴獵影的豐碩果實。透過他精湛且扎實的拍攝技巧，學習從大自然欣賞不同的人生觀，開拓視野，滋養心神。這兩部精彩的攝影集大作，讓志工大隊的志工們在平淡的生活中，增添文化色彩，怡情養性，也讓志工透過書中的照片，得以遨遊世界各地，欣賞繽紛的奇珍異鳥。

11. 黃秋鳳／天主教新竹教區志工大隊前執行秘書

收到陳維滄董事長的兩本攝影集，著實讓我受寵若驚，這是他踏遍世界各地的精心傑作。讓我感受到這些令人震撼的作品，其實是經歷過千山萬水、長途跋涉、長時間等候，以及專注的凝視後，才捕捉到的驚心動魄的畫面。我一方面感謝天主賜給我們這麼豐富的、美麗的生態，在每一隻鳥兒的身上，我看到天主神奇的造化，並為之讚嘆不已；另一方面我也感謝陳董事長能夠把他的作品編列成冊，並且慷慨地送給志工們，讓我們足不出戶，也能一飽心靈的饗宴，體驗到天主創造天地的精妙美善。

《寰羽》推薦序

陳維滄的羽族之愛

文／黃碧端

　　陳維滄是成功的企業家，但認識他的人更熟悉的，是他作為公益推動者、旅行探險者和生態攝影家的身分。在85歲，多數人都早已告老退隱或有心無力的年紀，這些身分對他仍都是進行式。而且，是的，即使此時全世界都籠罩在新冠疫情的陰影下，他仍在工作而且豐收。——繼兩個月前值得喝采的《鶴采》攝影輯出版，他馬上又檢查歷年行旅攝錄的數萬影像，完成了這冊涵蓋更廣、更多樣的羽族攝影集《寰羽》！

　　這說明了近20、30年間，維滄先生一趟趟親歷世界各地的蠻荒險境，如他自己說的，「60歲開始高難度的自我挑戰，足跡遍及五大洲：5探南極，6訪北極，還有酷熱的赤道與大漠、絲路、青藏高原、南美洲蠻荒、非洲大地……。」作為攝影者，萬里跋涉還得帶著沉重器材、裝備，披星戴月、餐風宿露！類似的雄心壯志大概只能期之於年輕力壯的年歲，維滄先生卻正相反，花甲之年才是他跋涉險境的開始，而且結果成績斐然，迄今已出版了十餘種攝影集，其中以禽類為主題的，這冊《寰羽》已是第6冊！

　　《寰羽》應該是維滄先生自己特別重視且滿意的作品。他翻檢多年冒著嚴寒酷日親訪各種鳥類棲地，看見牠們如何艱難覓食、如何遷移越冬、如何求偶成雙、搭窩育雛，每一張鷹、鵰、雁、雀、琵鷺等眾鳥照片，既是心血，也是情感；我翻讀電子稿件，知道必是對羽族的深情，才使一個人如此不辭艱辛、不計代價！

　　其實，在我們的文化裡，雖然走獸飛禽蟲魚都寄託了人的某些情感，但是，其他生物往往以功能取勝，諸如馬之善戰、牛之善耕、犬之忠誠。唯獨禽鳥，生物功能之外有更多的文化意涵，且幾千年中不

斷入詩入詞：「雪泥鴻爪」是人生過隙的感嘆，「雁字來時」是親友思念的寄託，「關關雎鳩」是情人的思慕，「大鵬展翅」是壯志的寫照⋯⋯。

　　古人沒有行走天下的便利交通工具，能看到的禽鳥其實有限，古人也沒有隨時記錄形象的工具，對存留在文字裡的禽鳥，多數只能以想像補足形體或動態⋯⋯。但維滄先生，不辭嚴寒酷日，不辭萬里跋涉，親訪天涯海角的鷹鷗雁雀，看牠們「或艱難覓食、或遷移越冬、或搭窩育雛、或求偶成雙，⋯⋯在那一剎那與鳥相遇的珍貴緣分裡，留下牠們的可珍可愛。」

　　正是這樣珍視與天地間羽族相遇的緣會，而且不辭艱辛地以影像為牠們作最好的紀錄，我們分享讚嘆之餘，何能不特別體會維滄先生珍愛羽族的深心！

（黃碧端，作家、曾任教育部高教司司長、國立暨南國際大學人文學院院長、國立台南藝術大學校長、行政院文建會主委、總統府國策顧問、中華民國教育部政務次長、中華民國國際筆會會長。出版散文、評論等約14本。）

《寰羽》推薦序

用心靈之眼 追尋鳥的故鄉

文／李偉文

近年來因為網路普及，很容易看到精采的生態影像，不知不覺就忘了，這些來自《國家地理雜誌》或探索頻道的圖片，都是投資大成本及一整個專業攝影團隊的集體製作，但是這本《寰羽》裡的影像，卻是一位長期關懷環境的志工，所獨力拍攝而成的。

更神奇的，這位探險攝影家，川流文化教育基金會的陳維滄董事長，雖已85歲，體力與活力卻不輸任何一個年輕小伙子，更難得的是，他那對世界的好奇心與探索精神，足為即將進入超高齡社會的台灣引為典範。

我常納悶，陳董跋涉千萬里，無數次往來於人跡罕至的極地，他的熱情與動力究竟是從何而來？或許從這本《寰羽》可以推測，如同傳誦於每個熱愛賞鳥者的名言：「每個人內心都有一隻鳥，一隻嚮往自由的鳥。」

我相信，對於困守水泥叢林裡，在各種大大小小螢幕包圍下的都市人，偶一抬頭，看見天空中飛過的鳥兒，即便不是賞鳥人士，心中也會引起一股悸動。

鳥提醒了所謂萬物之靈的人類，還有許多自然生命與我們共享這個地球。同時，這麼一隻小小鳥，尤其許多南來北往的候鳥，牠們的耐力、韌性、勇氣與專注力，似乎遠遠超出小小身體所能負荷的高度生命力。是的，鳥的生命力正可呼應陳董展現出的熱情與人生態度。

鳥類是陸地上種類最多的脊椎動物，也是分布最廣的恆溫動物，即使南極冬天氣溫在攝氏零下70度的環境裡，企鵝仍能夠自在地生養繁殖。

也有科學家研究認為，鳥類雖然只有核果般大小的腦袋，但是會唱歌的鳥跟會說話的鸚鵡，牠們腦裡神經元的數量甚至比我們靈長類

還多，更多的神經元建構出更強大的網絡與連結，處理資訊的能力更強，認知能力也就更好。

陳董常探訪的極地，也是許多候鳥的故鄉。鳥類的遷徙一直是自然界難解的謎，有人說，或許是冰河時期遍布地球許多嚴寒的氣候影響，鳥類因為求生存而演化出的行為；也有人說，也許南半球可能是現在居住在地球北部鳥類的家鄉，他們每年一次的遷徙只是回到祖先們的家鄉。

至於牠們如何辨識路程，那麼精確地飛行在天地之間？有人說，以視覺，追尋河谷海岸線等地標；也有人說，也許牠們藉助日月星辰，利用偏光、紫外線定位飛行；也有人說牠們體內可以感應地球磁場，來定出飛行方位……總之，這些仍舊是未獲確定的理論。

這些鳥類歷經千辛萬苦，中間也許被人獵殺，也許氣候不好，或環境污染，或棲地不見，我們可有好好善待牠們？

有人說，鳥的未來，就是人類的未來。

全世界環境運動的啟蒙者--瑞秋‧卡森石破天驚的鉅著《寂靜的春天》，就丟出了一個假設：「為什麼聽不到鳥叫聲？鳥都到哪裡去了？」

很巧的，台灣的第一個社會運動，也是第一個環境保護運動，就是來自拯救伯勞鳥的運動。

當年，張曉風老師看到恆春滿街在賣烤伯勞鳥，在滿地的伯勞鳥的嘴尖裡，她寫著：「為什麼有名的關山落日前，為什麼驚心動魄的萬里夕照裡，我竟一步步踩著小鳥的嘴尖？」作家們用感性的筆觸，激發了當年還沒有什麼生態保育概念的民眾的惻隱之心，也讓當時還不興盛的賞鳥或生態旅遊有一些不同的省思：「我是個愛鳥人嗎？不

是，我愛的那個東西必然不叫鳥？那又是什麼呢？或許是鳥的振翅奮揚，是一掠而過，將天空橫渡的意氣風發，也許我愛的仍不是這個，是一種說不清的生命力的展示，是一種突破無限時空的渴求。」

　　台灣這個最初的環境運動，最特別的地方就是用文學且感性的方式，讓民眾重新思考人與自然生命的關係，因為，生態保育是一條漫漫長途，只有改變人的價值觀與生活習慣，保育觀念才有可能真正扎根，也才是執行保育工作的治本之道。

　　是的，鳥的未來就是我們的未來，可是我們是否曾經仔細了解這個我們似乎很熟悉，其實卻又很陌生的夥伴呢？

　　相信藉由《寰羽》這本書，我們能對鳥類有更深一層的敬意，透過這些理解，我們更容易欣賞與讚嘆這個既神秘又豐富的世界。

　　我們也會希望能像這些鳥兒一樣，在地球這個美麗的星球上，展開屬於自己的神奇旅程，也盼望大家能夠體會到，地球是我們與鳥兒及萬物共有的家園，那麼，我們就能夠像鳥兒一樣，獲得自由。

（李偉文，牙醫師、作家、環保終生志工。為荒野保護協會創會發起人之一，歷任務職秘書長、第三屆、第四屆理事長、荒野保護協會榮譽理事長。著有《愛在荒野流動》等約10本著作。）

《寰羽》自序

與鳥共存的和諧世界

文／陳維滄

　　從2020年決定出版一本關於鶴的書，這一年多的編輯時光，從上萬張攝鶴作品中，總是不時會挖掘出一系列在世界各地拍攝的珍鳥照片，在一張張地回看、審視時，總讓我重溫當時以鏡頭捕捉到這些珍鳥畫面的艱苦與震撼，驚喜與感嘆！

　　北海道優雅悠游的白天鵝、展翅翱翔的鷹、飛行於流冰的鵰；北美加拿大遮蔽晴空的雪雁、可愛討喜的雪鴞、展翅高飛的綠頭鴨；加拉巴哥群島倆倆相依的藍腳鰹鳥、鼓著紅色大氣囊的軍艦鳥、厄瓜多小不盈指的蜂鳥、跳躍林蔭的雀鳥、羽色斑斕的啄木鳥；在非洲拍到世界上體積最大的鳥——鴕鳥，善於築巢的織布鳥、百萬群聚的南非

鰹鳥、自在湖畔的黃嘴鵣鸛、白鵜鶘與大白鷺；在台灣、香港所拍到的黑面琵鷺；還有在我家陽台築巢育雛的白頭翁……每一種鳥都有不同故事，不同的面貌鳴聲，以及值得我們學習的奇妙習性。

最令人動容的是，我六度探訪被稱為鳥類天堂的北極圈，因著遼闊乾淨的冰原及北緯80度的不受侵擾福地，而孕育了豐富鳥相，如：傲立於冰山的灰背鷗、隱匿於皚皚雪地的雷鳥、憨萌的北極海鸚；多達120種的鳥類中，有90%為候鳥，僅有12種留鳥，牠們在零下嚴寒氣候中，團結一致地相互照應而存活下來，頑強生命力，十分了不起！

同樣地，五訪南極行程中，在冰雪蒼茫中拍到會游泳、會潛水而不會飛，常被人忽略牠也是鳥類的南極企鵝等，面對地球暖化的危機，企鵝爸媽在生存不易的冰凍荒原，輪流哺育寶寶，到遠地覓食，防海豹襲擊，備極艱辛，令人感動！

審視每種鷹鷴雁雀的照片，或艱難覓食、或遷移越冬、或搭窩育雛、或求偶成雙，都為繁衍下一代而盡心盡力；我們無以知悉造物主的奇工妙化，只能在那一剎那，與鳥相遇的珍貴緣分裡，留下牠們的可珍可愛；不忍讓這些珍貴的鳥圖片與鳥故事僅僅是收存於電腦檔案，於是列入本書，也願喜樂分享。

天地萬物，無論飛行的鳥，水中的魚，爬行跳躍的獸，無以數算的種類及數目，都存活在同一個宇宙內，鳥類更是存活得比人類久遠了千萬年，俗話說：「今日鳥類，明日人類。」鳥類是環境的指標，人與鳥共同生存在有限的土地資源上，從鳥類的命運，往往能預知人類將遭遇的環境變遷影響；大自然萬物與人和諧共處之道，應是身為萬物之靈的我們該好好省思的啊！

從《鶴采》到《寰羽》

文／姜捷

2021年初以來，我專心一致地悠游於陳董美麗優雅的鶴鳥攝影作品中，蒐集資料、細讀鳥圖鑑、比對鶴的習性、尋覓鶴的詩詞，沈浸在鶴鳥世界，視野豐富，心胸開闊，有如每天都在大自然中神遊。

2021年12月《鶴采》問世，來自各方的讀者迴響，如此真摯而珍貴地回饋到川流信箱，讚美陳董的生態關懷精神與攝影作品，讓身為主編的我也感受到這一年來的努力，一切都非常值得！

感謝《講義》雜誌費文總編輯的肯定，他語重心長地説：「台灣需要這本書！維滄兄的鏡頭與文字所展現的是他內心積極、溫暖和最敏感的一面，正是目前台灣最需要的。」

前101董事長、前國策顧問宋文琪，也説出我們的心聲：「您遊遍世界，用鏡頭記錄美好！期盼您能持續整理數十年的精彩攝影紀實出版專輯，嘉惠我們這些永遠無緣與那些精彩時刻相遇的凡人！」

學養俱豐的音樂人前國立實驗合唱團指揮戴金泉盛讚陳董：「從極境中啟悟真理，將人生、藝術與修行合而為一，盡力發揮眼、耳、鼻、舌、身、意的功能，充分體驗當下一刻，珍惜一期一會。」

室內裝修學會郭純純秘書長，不但訂購《鶴采》給所有會員，還悉心寫了一首十分到味的小詩，稱讚他：「鏡頭追蹤護生態，攝影行腳極地探；一新眼目景像撼，不斷冒險毅力強。藝術環保富學養，享

譽藝壇虛谷樣……瀕臨保育不容緩，欣賞鶴姿買鶴采！」

讓人感動的是，前國立台南藝術大學校長、前行政院文建會主委黃碧端，不但在自己的臉書上大力宣傳好圖佳文，還為姊妹書《寰羽》寫了推薦序〈陳維滄的羽族之愛〉；是的，這真是令人期待的【續卷】啊！有更寬廣的羽族之美，更多樣多貌的眾鳥相，引人深思於「輕如鴻毛」竟是「生命中不可承受之重」！從炎炎赤道到冰天雪地的南北極，從廣漠非洲到都市叢林的自家陽台，那饒富深情的鏡頭，讓微光中的鳥語，啁啾有聲地破紙而出，豐盈了我們汲汲營營的俗塵生活。

心心念念於推廣生態關懷的陳董，將《鶴采》廣為贈送全國及校園圖書館，以睿智投注與敏銳行動力，期待從教育改變人心！的確，正如中原大學圖書館郭玲玲主任在收到館藏贈書後的感動：「拍鳥是極需體力、意志力與狂熱堅持的行動，透過陳董感性、絕佳的攝影眼，鶴家族從出生、育雛、護幼、成長、求偶、親情、與大地萬物、人類的和諧共處，非常令人動容。」

陳董不沽名釣譽，更不好為人師，他總是藏身於鏡頭之後，默默地作影像紀錄；從《鶴采》到《寰羽》，於焉不只是兩本書，而是寄情天地、疼惜飛羽的一份淵淵之愛……。藉著出版，讓更多人感受到眾鳥羽族的樣樣可愛，種種可貴，也讓思緒孺慕於幀幀幅幅裡，自在翻飛，自由翱翔！

（姜捷，資深新聞從業人員、作家，《天主教周報》前總編輯。著有《相依於海——狩獵離島紀行》獲1994年新聞局專題報導類金鼎獎、《絕響--永遠的鄧麗君》等18本詩文出版品）

《寰羽——陳維滄攝影集》精選迴響

1. 蔡志忠／國際漫畫家，作品翻譯多國語言發行銷售4000萬本
陳維滄的《寰羽》攝影書收到了，很精采，寫得太棒了，圖片也拍得
很專業。如果每個人都能活得像他一樣通透，人間就沒有黑暗，因為
世界到處充滿著華麗的色彩。

2. 莫昭平／前時報文化總經理、創辦OPENBOOKS閱讀誌並任理事長
收到陳維滄的《寰羽》了，真是寰宇級、重量級的關懷羽族生態力
作，非常佩服，也非常enjoy這本書！又，書名取得真好！

3. 曾淑芬／資深文字工作者
迫不及待地翻閱新攝影集《寰羽》，十分感謝，只能發出一聲聲的讚
嘆！上一本攝影集《鶴采》的書名，已令人會心一笑，這次以《寰
羽》為名，除了續有雙關之巧思外，更見不凡的壯懷！寰羽中的禽鳥
果然張張是精選，有壯麗的群鳥，也有姿態嬌憨的個「鳥」特寫，真
的令人百看不厭。「白頭翁在我家」，陳媽媽俐落白髮的身影，令人
懷念她生前爽朗又優雅的笑貌及豁達的人生觀！陳伯伯依然這樣積極
規律又充滿幹勁的生活，陳媽媽在天之靈也會備感放心的。

4. 劉瑋琳／中央社翻譯專員、《鶴采》及《寰羽》的英譯者
恭喜陳維滄董事長出版最新攝影集《寰羽》，非常感動和興奮，翻開
每一頁，透過他的攝影作品視角，猶如置身現場一般，能感受到每個
地方、每一種稀奇鳥類的風采。翻譯這兩本攝影集也增加了我對鳥類
的認識，甚至現在走在路上也會不自覺抬頭，看看在天空展翅飛翔的
鳥兒，非常期待看到他更多精采作品！

5. 田麗雲／IC之音廣播電台前台長、資深媒體人、好好聽文創內容長
陳維滄的新書《寰羽》，印刷精美又充滿品味。看見了一幅幅鳥兒們
的生活姿態，我才發現自己對鳥兒是如此的陌生。從書中，我看到嬌

黃色的織布鳥顏色美得不可方物、頰帶企鵝憨萌的笑容、峭壁上密密麻麻的崖海鷗、雪鴴的回眸旋轉舞姿。透過鏡頭，帶我們看見了一個羽翼下的世界。

6. 陶行達／東海大學第三屆經濟系同班摯友

阿滄剛出版的《寰羽》攝影集，已安抵澤西；珍鳥畫面，驚喜感嘆。寓意沁心，心曠神怡。同披羽衣，縛束不再。翔遊天下，笑傲人生！寄上遠念，珍重把臂再敘！

7. Jun Markl（準‧馬寇爾）／德國音樂指揮家

This book is a real treasure and it is showing so much about the love and knowledge of birds and nature your father has acquired. So often he found the perfect moment for his photographs to show and discover the unique character and individuality of animals. Thank you for giving me the pleasure of enjoying this book.

8. 謝登元／資深媒體人

拍攝鳥類和風景、靜物照，大有不同，鳥類是靈動的、敏感的、機警的，往往快門的機會只在一瞬間，因此照片的「良率」向來偏低；這本攝影集卻能將精彩鳥照手到擒來，可謂得來不易，張張辛苦。「白頭翁」我最有感，回憶當時聽聞他們全家人與白頭翁之間的種種互動，彷彿如昨；這一篇章，是他對老伴一種最深情的追憶和紀念吧！

9. 姚麗珍／天主教新竹教區志工大隊前西新竹鐸區督導

能收到《鶴采》、《寰羽》深感幸運，也很感恩。從書中能感受到從陳董事長鏡頭與筆鋒下，羽族富含的生命氣息。特別在他描述身軀嬌小的蓑羽鶴，頂著生命危險飛越世界屋脊——珠穆朗瑪峰，心靈猶如身歷其境在鶴群，目睹8800公尺高空羽翼下的雪白山顛。兩部攝影集，使人耳目一新，怡情養性，值得一再細細品嘗！

《飛鴻雪泥》自序

飛鴻雪泥

文／陳維滄

「飄飄何所似？天地一沙鷗。」人生的確像飛鳥，就像鳥兒為了覓食而飛來飛去，但終究碌碌而無所留於天地。好在，現代的科技可以幫助我們留存過往，留存足跡，讓我們在自己的天地裡留一點光彩，留一點可資憑藉的回憶。攝影就是其一。

不管它是真實還是虛假。學習攝影的經歷，卻讓我的眼界開闊了，對生活的體會也豐富多了。尤其是對周遭人、事、物的觀察，則變得更加深刻敏銳。以前常被忽略的景致，現在就像打了聚光燈似的，明晰而鮮活起來。讓我不禁感嘆：大地真是蘊藏無盡啊！

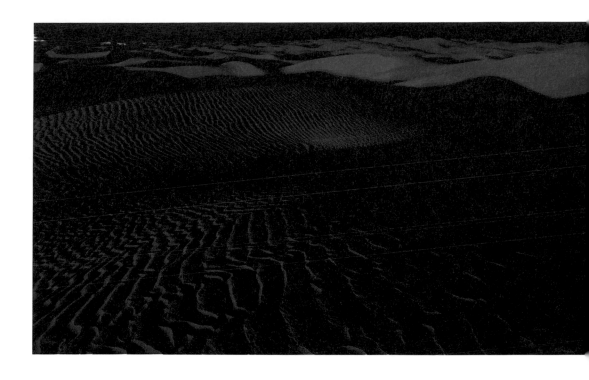

　　許多人為旅行而攝影，我則是為攝影而旅行，在這樣的過程中，我從新疆到希臘，從埃及到中南美洲，為了捕捉稍縱即逝的影像，數年來，我背著相機，上山下海，或冒著零下溫度的嚴寒，或頂著56°C的炙熱，或攀越崇山峻嶺，或走向塵土飛揚的無垠荒漠，跋涉天涯海角以拜訪人類偉大的古文明和不為人知的族群。每一次的攝影守候，都是體力與毅力的極致挑戰。

　　廚川白村曾說過一句名言：「舉凡偉大的作品，都是苦悶的象徵。」不過，我的攝影不是苦悶的象徵，卻像是苦行僧的修練，總在歷經一番寒徹骨之後，獲得梅花撲鼻香。而大地也總為誠心苦行的人，留下最美的景致。透過鏡頭則讓我們看到眼睛看不到的東西，讓人們更深度地觀察到大地變幻莫測的神奇瑰麗之美，和冷暖人間的百態。每一次獵影行，都讓我有不同的領悟，不同的人生體會與省思。對我，這不就是另一種重生嗎？

　　在攝影的旅途上，我用鏡頭記錄著我的感動，用文字抒發著我的感想，藉著筆記書的出版，回味那些天、地、人，與您分享眼眸深處無盡的美景與遐思。

《飛鴻雪泥》精選迴響

1.胡元輝／現任公視董事長、華視董事長、曾任中正大學教授、
台灣事實查核教育基金會董事長
攝影大師布列松（Henri Cartier-Bresson）的「決定性瞬間」理論，強調優秀的新聞攝影作品在動作、事件的瞬間凝止情境中，表現新聞事實的整體和精華，既捕捉瞬間，亦留下永恆。陳董事長壯遊天地的作品雖非新聞攝影，卻足以讓觀賞者神遊其間，感受鏡頭瞬間的天地大美，實屬布列松理論的另類印證。無論橫看或側視，亦無論順看或逆視，本書所蒐錄的作品都是不折不扣的「瞬間驚奇」。人生無處不風景，天地片刻是永恆，豈其虛妄哉？

2.邱英美／文字工作者、主持金門書院
不論鏡頭下我們讀到的是美麗或哀愁，只要開始思考，生命即有超越的可能。陳維滄的作品總能留給讀者一些「空間」，可以宏觀，可以微觀。

3. 王雅卿／八方出版社資深編輯
看到陳維滄董事長的攝影佳作，有種安定的心情，油然而生。在我又忙得頭昏思緒亂的時候，我會打開這些圖片看一看，即使一分鐘也好，讓壞心情隨著漂亮的風景而轉換！

4. 陳明哲／美國佛吉尼亞大學達頓商學院榮譽教授
一本最令人驚豔的攝影集，這些照片使人屏息啞然，我非常敬佩作者的專注以及堅持，希望有機會晤談。

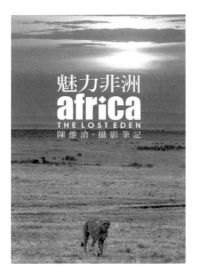

《魅力非洲》推薦序

魅力之外

文／陳瑞賓

　　川流文化教育基金會陳維滄董事長是一位實事求是的實業家，更是一位苦口婆心的長者。過去，台灣環境資訊協會的活動常見他的身影，除提供寶貴意見外，並承蒙他將多年踏訪極地祕境的攝影集《縱橫極地》與年曆等作品授權，由本會發行，出版所得更全數捐作公益。

　　2013年，本會邀請他擔任台灣環境資訊協會顧問召集人，他經常為同仁建言、鼓勵，具體努力成果也反映在 2014年，本會榮獲政府頒給民間最高榮譽獎項之一的「總統文化獎」。

　　看到《魅力非洲》的發行，我再次折服於陳董對生命的熱愛，及其展現的專注力與行動力。他不懼年事已高，單就這幾年內就去了好幾趟非洲，在酷熱難耐、溫差極大的環境裡，記錄著非洲原野生命。

　　我曾去川流文化教育基金會拜訪陳董,只見他蹲在基金會辦公室,看著地板上佈滿一幀幀的照片,百中挑一後,仍精益求精,一再濾選,讓我對他的完美主義印象深刻,讚歎不已。陳董的作品和《Discovery 影片》或《國家地理雜誌》相較,有過之無不及。

　　身為台灣大學動物系碩士畢業的我,投入保育工作逾20年,卻只能望照片生嘆。何時才有機會步上旅途,哪怕只是在非洲原野上呢?

　　反覆翻看陳董《魅力非洲》的攝影筆記書,電影《遠離非洲》萬獸奔動的場景又浮上心頭,那壯闊澎湃的音樂撞擊著心臟……。

　　非洲的原始魅力,既陌生卻又熟悉。不過,那樣的力與美,似乎一天一天地逐漸消失中……。

　　2015年10月24日,抹香鯨難得一見地出現在台灣海域,卻是擱淺,死亡,剖開來看,滿肚子的塑膠垃圾……令人不忍卒睹。

　　看著6歲的小孩，我不知要怎麼跟他說，「我們」害死了鯨魚，同樣地陳董鏡頭下的非洲紅鶴也快沒家可住了。因為紅鶴賴以維生的鹹水湖，被周邊國家從上游就截走河水使用，棲地面積縮小之外，水質也不斷惡化，快病入膏肓了。

　　本會接管新竹自然谷環境公益信託的林地，已看到八色鳥、穿山甲、蜂鷹、眼鏡蛇……等，陸續重現。這小小的火苗，能否星火燎原？從台灣的山林、海洋和濕地，一路延燒到東南亞，甚至是夢幻中的非洲草原。

　　野生動植物確實是需要一個不受破壞，可以安身立命的家園！

（陳瑞賓，自然信託與環境資訊基金會 董事長、曾任台灣環境資訊協會秘書長、2008年榮獲國際青商會十大傑出青年）

《魅力非洲》自序

空中遊獵 空拍震撼

文／陳維滄

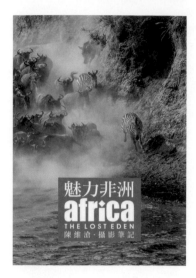

「Safari」在史瓦希地語裡是「旅行」的意思，到非洲最理想和最普遍的旅遊方式，就是搭乘可撑開頂篷的遊獵車，四處遊蕩找動物--用眼睛狩獵，在一望無際、視野遼闊的國家公園裡，追逐著馳騁草原的動物。

曠野探險又是另外一種令人難忘的空中遊獵，這種體驗也稱為「Balloon Safari」，隨著熱氣球的冉冉升空，360度景觀一覽無遺，自然有一番樂趣。

人們採用俯瞰視角空拍的理由或許不盡相同，不過，有些景點、地標、野生動物大規模遷徙的場景，確實要從高空俯覽才能真正獲得前所未見的宏觀視野，從而帶給觀賞者磅礴、恢宏、震撼的視覺效果。

搭乘直升機每12分鐘約為160-200美金，而熱氣球空拍則要價每小時420-500美金。

2007年8月26日，我二度前往肯亞，在飛機上看到一則醒目的報導「熱氣球起火墜地，11傷2失蹤」血淋淋的事實瞬間澆滅了我的熱望，決定臨時取消空拍行程。

2015年7月26日，我第四次遊歷肯亞，難擋多年不時地起心動念，蠢蠢欲動，終於克服種種障礙，第一次在馬塞馬拉的空中遊獵，一切都異常順利，拍到一系列珍貴照片。也許「戰果豐碩」，意猶

未盡，同年的9月6日，我再度飛抵肯亞，報名1個小時空拍的航程，為了拍攝塞倫蓋堤的壯麗景觀。

　　不過這回，事與願違，起飛大約30分鐘過後，機師說：「由於氣流不穩定，無法在預定地點降落，請大家務必要配合我的指令。」大家似乎並沒警覺大難臨頭，忙著拍照……；降落前10分鐘，機師特別提高聲音說：「很不幸，這一次可能降落在小山丘的岩石上，請儘速收回相機，雙手抓緊扶手……。」大家才警覺不妙，果不其然，我們乘坐的吊籃，一路不斷從山丘向下滾落，混亂中，我緊緊地護住手上的相機，卻不曾察覺帽子不翼而飛，後來，才發現帽子在氣球下衝的過程中被樹枝勾到，捲入我們乘坐的籃子底部，磨出幾個大洞。我暗自慶幸，幸虧沒有照平日的習慣扣緊下巴處的安全扣，否則飛出去的，可能就不僅僅是帽子了！

　　那瞬間，危急存亡，千鈞一髮，回想起來，仍讓人心有餘悸。我和隊友驚魂未定，驚慌失措，更沒有人能及時反應，拍下現場狼籍不堪之狀。事後，我又發現相機裡有一張32G的記憶卡，裡面有不少珍貴畫面，慌亂之際，竟也不翼而飛了。捶胸頓足之外，自我安慰，難道上天故意在此「埋下伏筆」，要我再度光臨非洲？

《魅力非洲》精選迴響

1. 柯金源／公共電視紀錄片導演
親身經歷、深入險境，以影像書寫內心的觸動，每一幅作品之知性與感性兼具，是攝影家陳維滄的創作風格。《魅力非洲》筆記書內的系列作品，更蘊含著野性生命力的歌詠、讚嘆，令人驚艷與激賞！

2. 黃丁盛／民俗攝影專家、世界旅遊達人
陳維滄的《魅力非洲》筆記書製作精美，野生動物攝影張張精彩！作者致力生態環保的推廣與持續攝影創作的精神，更是令人佩服！

3.徐瑞娟／《魅麗》雜誌社長
這本筆記書真是太棒了，好有力量！《魅麗》雜誌100期主題談「覺醒時代來臨」，製作團隊正在苦惱圖片配置，想找些與自然有關，有靈性、震撼人心的照片，陳董事長慷慨分享他的精彩攝影，真是老天爺送來的好消息。

4. 王勝利／深圳貿易企業家

雖屆高齡，探索獵奇之心卻毫不遜於年輕人，次次拍攝都以獨到的視角捕捉世間美景！文筆悠然質樸卻蘊意深遠。對他長期堅持的毅力和恆心，更佩服得五體投地，是令人景仰的長者！祝願陳董越活越年輕！健康開心！

5. 游瓊瑛／書法家

從這本攝影筆記幾乎能感受到作者經歷的驚險、激動與震撼。書中提到海明威形容非洲的話，似乎也可印證在他身上，真的是「不可捉摸，無從想像，難以置信，永難忘懷。」每次出書，都讓人驚艷、驚喜、不同的感受！唯一不變的是，他永遠像是肩負著使命的苦行僧，期望喚醒人們的危機意識，對地球多一分愛護、珍惜和關懷，少一分傷害與破壞。他的作品已跳脫且超越唯美，進入另一種境界。我們充滿期待，感覺每一次他都已做到極致了！

6. 范以素／資深文字工作者

有幸擁有陳維滄最新的《魅力非洲》筆記書，精美不在話下，文字簡明，圖則有生命的律動與互動。這本筆記書，透露一種輕鬆自在的訊息，這是陳董這一年來的生命情調吧！

《雪泥鴻爪》自序

有愛，不覺天涯遠！

文／陳維滄

　　從50歲那年，事業巔峰之際急流勇退，卸下事業重擔，展開生命圓夢之旅；流年匆匆，竟也飛逝了35個年頭！起初，並無刻意環遊世界，沒想到一個地域、一個國家、一片淨土、一個絕境……逐一叩訪，在寬天闊地裡，心靈與視野都被大自然奇絕所震撼、所啟迪；我用相機記錄所見、所聞、所感、所怦然心動，超過十萬張的影像，如今整理起來都自覺訝異，這半輩子哪來的毅力與恆心，韌性與堅持！有太多人問我，這是怎麼辦到的？我想，是因為--愛，有愛，天涯不遠；有愛，獨行不孤！

　　是的，愛！扛著重裝相機器材寰宇趴趴走，是個高難度的挑戰；但對大自然的熱愛，讓我有勇氣克服萬難，且樂此不疲；從壯年到初老，數度縱身南北極地，遊走中極世界屋脊，跋涉絲路大漠與青藏高原，深入蠻荒雨林與非洲，更叩訪七大洲的數十個國家，體驗各民族文化，各地域人文、風俗慶節……；從變幻萬千的雲卷雲舒、風霜雪雨、晨昏深宵；到數大之美的動物大遷徙，捕捉飛羽走獸恆久不變的親子之情；從「萬徑人蹤滅」的自在空靈，透過鏡頭，收攝愛與美，

觸動我太多太多的柔軟心，也教給了我太多太多的愛，是這些不可言說的偉大，豐富了渺小的我，我也願以愛還愛，期望同樣觸動人靈，不負天地。

　　大多數人驚嘆攝影中的磅礴、塊麗、逸趣、奇絕，但，卻很少人知道，在鏡頭背後的淚水與汗水，許多次與死亡擦肩而過，許多次疲憊到四肢百骸都不屬於自己，許多次因著守候鶴影或北極熊出沒，忍饑受凍，不休不寐，但一切值得！因著愛，所有的痛楚都轉化作幸福，所有的感悟都在心疼與流淚之後，更了然此生未盡的使命--如果這輩子還能為人服務，還能愛，我都願意付出，因為我相信沒有愛到不了的地方，只要有心，只要盡力！

　　多年來我曾陸續出版過《飛鴻雪泥》、《魅力非洲》攝影筆記書，以及《夢想南極》、《那些極境教我的事》、《縱橫極地》、《看見真實的北極》等旅遊攝影書；每一次都是為了公益而出版，祈願這些書帶給人們的不只是賞心悅目的照片，而是真真切切地看到人與大地的關係，在每個跌宕起伏的心性撞擊或深切觸動中，激盪出人文的探勘、文明的省思、靈魂的觀照、天地的關懷。

　　天涯壯遊，對我而言，從來不是一種炫耀光環，而是為守護瘡痍大地的殷殷召喚，為瀕危萬物萬象請命的切切盼望；我深深感謝促成這本書的所有夥伴，我願藉著扉頁間的許多留白，向無限寬廣的未竟世界致敬；也期待著擁有這本筆記書的您，幸福地，填滿它！

《雪泥鴻爪》精選迴響

1. 何照清／聯合大學副教授

《雪泥鴻爪——陳維滄的攝影筆記書》是至真至善至美的體現！哇！
竟然有4種不同的封面欸！真是太厲害了！回家後，仍繼續看這4種版
本的筆記書，一本看完換一本，輪流看完一遍又一遍，終於知道什麼
叫「愛不釋手」。這是一本「含金量」很高的筆記書，一本「無法標
價」的筆記書，物超所值且充滿正能量；是一本很勵志、很有激勵作
用的筆記書；一本作者「行萬里路，讀萬卷書」的薈萃，邀請古今中
外聖者、智者到眼前諄諄教誨的筆記書；這是一本作者花了幾十年壯
遊，到各地拍攝珍貴鏡頭集結相送的筆記書；一本蘊含無常、當下、
永恆的筆記書，只要您有慧眼就可發現其中奧妙。這是一本至真至善
至美體現的筆記書！

2.陳若曦／作家，
曾獲得國家文藝獎、聯合報特別小說獎、吳三連文藝獎

我把陳維滄的攝影書仔細看完了，佩服之至（可以為一張影像等7、8
小時！）也十分羨慕。我自小即想像能周遊世界，然而世事難掌握，
我只去了新疆、西藏、內外蒙古，中國東北，歐洲，埃及，美加，澳
洲，北極邊境……且只是點到而已。人老記憶衰矣，看到他的攝影，
才記起以色列之旅！看來他讀很多書，而且善憶善解，每頁引用哲人
或聖人之語，也十分貼切感人。我以他的名義把書捐給我們老人院的
圖書館，以利眾多讀者，感恩！

3. 李偉文／作家、環保志工、行政院國家永續發展委員會委員、
荒野保護協會榮譽理事長

《向世界投履歷》是我女兒最近的作品，希望能在這不確定的時代，
給迷惘的年輕人帶來勇氣。這也是陳維滄董事長多年來探索世界，能
給社會帶來的影響。謝謝他每年的月曆、筆記本，他的作品總是最亮
眼、品質最好的。

4. 陳靜宜／政治大學圖書館館長

2021年一開始,圖書館就收到陳維滄的新年禮物,欣賞他新出版的攝影筆記書,他分享每張照片的精彩故事又浮現腦海、歷歷在目,實在是很大的收穫,萬分感念他的厚愛、撥冗寄送最好的禮物給我們!

5. 喬振中／神通電腦《掌訊》雙月刊總編輯

雖是一本文字不多的筆記書,卻值得一頁一頁地細細品賞天涯壯遊的精湛作品,透過旅遊攝影家陳維滄先生的鏡頭,觀看天地絕美、人文豐貌;最感動的,莫過於在開卷頁為志工們加油打氣:「在台灣致力於弱勢團體權益福祉及為教育文化、生態、環境保護等公共議題發聲的非營利機構,多達六萬四千家,令人嘖嘖稱奇。」讓有緣收到這本精美筆記書的幸福志工們,感受到寒流中的暖意,志工從來都不求回報,盼以小小善舉能使世界更美好,一本好書的肯定,勝過千言萬語,那祝福使人微笑,心寬自在,自然流露在服務中,讓被服務者也感受到那溫馨柔軟,蔚為可貴可愛的善循環。

6. 呂艷芳／人文攝影師

收到陳大師的攝影筆記書,真是開心!照片與文字精彩,印刷精美,讓我捨不得使用,但我會記取陳大師的提策,幸福地填滿它。陳董慷慨地將珍貴照片作成筆記本,幫助公益團體或志工,將自己的小愛化成大愛。生命如此多元,豐富與精彩,一生圓滿富足!

| Part-2 |

媒體形象 獨樹一格

　　出版了多本暢銷書，陳維滄董事長除了一圓作家夢，也在讀者心目中建立起「極地旅遊達人」的獨特形象，擁有了許多忠實的粉絲。因此，各大報章雜誌的媒體邀訪紛至沓來。但是隨著年歲與閱歷增長，一向行事低調的他，對於是否接受傳播媒體專訪十分慎重，不但要詳知雜誌的閱讀群屬性、報紙的版別內涵、刊出的方向及影響力……；就連來訪記者的背景，都先深入了解，因此，他婉拒受訪的次數遠遠大於接受專訪的次數，這讓記者們感到不可思議，對於這樣一位不按牌理出牌的長者，大為驚嘆！

　　《蘋果日報》的楊語芸就在報導中寫道：「從事文字採訪工作多年，採訪前搜集資料、測繪受訪者是我的職分，但從未碰過先對我身家調查的受訪對象；我在約訪的聯絡電話中，大概回答了他『有沒有宗教信仰』、『最尊敬的偶像是誰』等十幾個問題，我們還交淺言深地交換了不少各自信仰的人生哲理。」也因為事先深入「身家調查」，使陳董能放心地暢所欲言。

　　記者楊語芸這篇「蘋中人」也寫得十分到味，甚至同步刊登在香港《蘋果日報》「蘋人誌」專版上；陳董的生命智慧和精彩閱歷，讓採訪者印象深刻，深覺「與君一夕話，勝讀十年書」；至今，仍有多位記者與陳董保持著良好的友誼！

　　多年來，媒體專訪或見諸報章的報導多達數十篇，我們在精選收錄時，注重不同年份的報導內涵重點，不同角度的詮釋，例如：樂活、保健、旅遊、公益、教育與美學……等。

　　在輯二單元，僅收錄了20篇；稍感遺憾的是，為尊重智慧財產權，我們逐一致電或書面請求原刊登媒體同意轉載，但有多家表達不

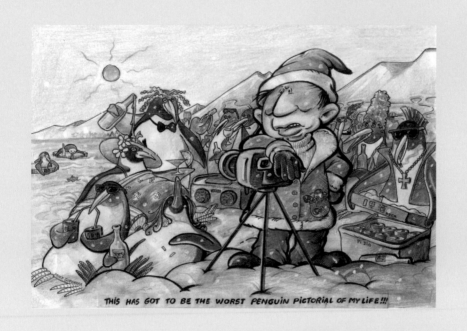

THIS HAS GOT TO BE THE WORST PENGUIN PICTORIAL OF MY LIFE!!!

提供無償轉載,強調必須使用者付費,且為一字5元的高額稿費,一篇下來,可能要付萬元以上稿費。

陳董認為無此必要,因此,捨棄了多篇收錄;但也無妨,無「網」不利的E世代,只要鍵入關鍵字「陳維滄」,一樣可以從網上閱讀到上百筆有關於他的文章或報導。

從媒體不同角度切入的專訪,梳理一位樂活老頑童不畏艱險、勇敢追夢的生命哲學;從別人的眼光,回看自己的豐盈人生;篇篇幅幅都非過往雲煙,而是一種分享,一種學習,價值無以計量,只能會心滋養!

書寫陳維滄
他永遠快了一步

文／黃嘉光（中央社記者）
原載於《大舞台》/中央書房專欄 /2004.10.01

「谷威」企業創辦人陳維滄出書了，他連著兩年跑去南極，
帶回許多讓人張大眼睛的冰天雪地的照片，以及一本詳實記載南極旅
程的知識書。

退居幕後 隨心所欲

跑到南極！陳維滄，他真的很特別。

不僅現在，很早的時候，他就很特別。

大學畢業，在面對家人安排的工作時，他選擇騎摩托車，推銷兄弟牌英文打字機，從基層做起。

在對國際貿易尚無所悉的情況下，只因政府鼓勵外銷，他就自己帶著大理石產品到德國柏林參展而打開市場。

在公司才只是20人的小規模經營時，他就不惜鉅資採用王安迷你電腦。

在台灣欣欣向榮美景無限之際，他斷然揮軍香江，開疆闢土，並在14年前轉進深圳，成為屹立於中國大陸事業版圖的企業家。

在進入事業高峰期「行有餘力」的時候，他又毅然退居幕後，開始追求「隨心所欲」的人生。

他，永遠快了一步！

致力慈善 不求回報

　　結束26年商場爭逐，退到幕後的他，並未閒著，他帶著相機東奔西跑，記錄感動。他因著一篇中國雲南痲瘋村的報導，跑到當地，使他如此激動的是，潛藏內心的悲憫，他先後捐出3萬美元、5萬港幣，資助澳門陸毅神父的痲瘋慈善事業，並參與在輔仁大學任教的谷寒松神父籌設中國痲瘋服務協會。在一張張記錄人文關懷的鏡頭下，他把連歲月也沉澱不了的苦難，攤開在大眾眼前。

　　他義無反顧地賣掉房子，向教育部申請成立「財團法人耕雲禪學基金會」，弘揚耕雲導師的「安祥禪」；他還響應大陸偏遠地區的「希望工程」興學志業，自己卻幾乎不出席開工、剪綵。

日月運行 川流不息

　　這就是曾經是台灣十大禮品業的新進模範，如今立足深圳，在中國大陸頗有一片榮景的「谷威」企業的董事長陳維滄。

　　陳維滄只是回應來自心底的一個呼喚，因著單純的感動，熱心的衝動，就起而行動，他執著得可愛，因此而讓慈善事業如日月運行，川流不息！

最後的美麗 夤夜賞閱《夢想南極》

亟欲掙扎脫出而不可得，《夢想南極》掀開了積壓心頭多年的覆蓋心靈就這麼出走了！

　　看了《夢想南極》，會不會引起一股狂風似的「南極熱」？一度，我這樣想。

　　《夢想南極》平實無華的文字，敘述的是一個旅人的心情筆記。每日雜記式的紀錄，讓人得以不帶任何想像空間地了解真實的南極經驗，從英文書名《An Antarctic Journal》可以窺知一二。

　　他本是一名成功的企業家，帶著夢想而去，回來後以「作家」身

分記錄這段奇遇，卻沒有一些「作夢家」的喃喃囈語。對一個有夢的人來說，這是一本感性的人寫出的理性探險書。

因為觀照的理性，所以《夢想南極》比一般散文式的遊記更多了一些工具書的實用性；因為心靈的感性，所以，也比一般枯燥的導覽手冊多了許多真實生活中真性情的探險紀錄。

喜歡的，把它當奇書；不喜歡的，它就像流水帳。探險家可以從中吸收知識，夢想家得以聊補未至的缺憾。

作者的文字敘述裡不乏南極體驗，但他的本意或許不是想以文字吸引人去體驗南極，讀者真正被引誘的，反而是透過他的鏡頭，所呈現的萬年南極景致，讓人讚嘆天地間竟然存在那種大塊大塊的、峻美壯麗的冰山凍原自然景觀。

透過作者的鏡頭，浮在眼前的南極生態，不是豐富，而是單純，以及震懾人心的極致美感。

真想說一聲：「感謝上蒼！祢以無情的酷寒、劇烈的氣候變化，將南極凍原的冰天雪地從繁華紛亂的人間俗世阻絕開來，為天地保留了一塊人間淨土。」

南極的美豈是渴望人的造訪和發現，如果不是像原住當地的企鵝一般與之融為一體，相安無事，不相打擾，更多的皮靴踩上去，留下的不是友善人類的腳印，而是異類生物破壞的足跡。

　　陳維滄先生為世人帶回來這一本大自然存在的紀錄時，不知是否也有另一種對自然情愫的「少年維特」的煩惱？

　　身為讀者之一，面對浩瀚南極，內心興起的，是對創造奇蹟的造物者無盡的敬服與摯愛。

　　讓陳維滄先生的文字與影像成為一份永恆也是最後的紀錄吧！留下這塊最後的淨土，南極既然已經被發現（Discovered），就不需要再做更多的探索（Explore）了，讓南極的美從此凍結在地球遙遠的彼端吧！

　　讓陳維滄成為最後一位旅人吧，沒有人觀賞，大自然仍舊兀自美麗，不是麼？

挑戰極境 越苦越要去

極地之旅 陳維滄對生命價值體悟更深

文／張淑伶（中央社記者）
原載於《全球中央》/ 2010 .9月

　　記得第一次見到川流文化教育基金會董事長陳維滄，是在他位於台北市信義計畫區的辦公室裡，從透明大玻璃看出去，眼前是101大樓，另一邊則是翠綠山景，世界著名高樓和大自然美景近在咫尺，這種地段的辦公室主人，想必應是在商場上驍勇善戰的「成功人士」。不過，我面前這位董事長，並不財大氣粗，而是走遍世界各地的旅行家，見多識廣，言談中透露出他對世間許多事充滿熱情，卻又隨時可以放下。

　　這股豁達從何而來？或許，從他一張張攝影作品中可以看出端倪，不管是北極熊、南極企鵝、藍天中的蒼鷹，還是紅褐色的沙漠景色，每張照片都展現出大自然動人的面貌。當下我就懂了：「一個曾經感受大自然真與美震撼的人，必有赤子之心！視野與心胸也必然開闊。」

挑戰人類中心的思考

　　陳維滄大學時代就喜歡攝影，儘管攝影當興趣，作品卻有專業水準，他把這些年來往北極、南極、喜馬拉雅山和不同沙漠區拍攝的作品和經歷記錄下來，寫成《那些極境教我的事》一書。

　　陳維滄曾經多次前往南極和北極，如他所說，彷彿得了「極地遠征症候群」，極地旅行對他而言，不是財富的炫耀，而是更深沈的召喚；讓他願意承受暈船不適和各種風險。

　　書中，他引用一位探險隊長的話：「在地球上，僅少數淨土之一的環境下，與野生動物將近18個月的相處，將改變你對生活遠景的觀

點。」這就是了！改變「人類中心」的思考和生活方式，就是極地旅行的迷人之處。

這些極境，讓陳維滄深刻體會到生與死；書中說，當他背著相機和三腳架在沙漠上行走，一陣熱風吹過，所有印痕立刻消失，沙漠的貧瘠，讓他感受到生命的奢侈；沙漠的善變，讓他體會無常就是一種常態。

南極冰原又是另一番風貌，此時平靜無波的海面，下一刻便是漫天暴風雪，讓數度深陷險境的他深刻體會：「生命，是如此渺小而可貴；心域，是如此的寬廣而無限」。

每張照片背後都有故事

較之一般的攝影集，本書更多了故事性，不只有景，還有情境。幸而那些生死關頭都已跨越，讀者才能像讀小說般興味盎然地一頁頁翻讀。譬如有一回，他正全神貫注拍攝海鳥，卻沒注意到自己落了單，差點被身旁齜牙咧嘴的海豹攻擊，他

▲ 在南極差點被海豹攻擊，步步驚魂。

拔腳狂奔，卻狼狽地跌入泥漿；在這原始生存法則主導一切的荒野，再多的金錢、再響亮的身分也救不了人，後來是船員終於聽到他的呼救，前來幫忙，才轉移海豹注意力；陳維滄不諱言，這個經驗讓他明白，對死亡，自己並沒有想像中的豁達。

身歷聖母峰的美以及路途的艱險，他用「眼睛在天堂，身體在地獄」妙語形容。在喜馬拉雅山上的某一晚，他正慶幸自己沒有高山症，一時大意，和德國背包客邊聊天邊喝了點小酒，竟然因此頭痛欲裂，心臟狂跳，幾乎「魂斷喜馬拉雅山」。他開始回想一生，發現一路走來，也算了無遺憾；但抽屜裡朋友放的兩張成人光碟，卻可能讓

◀ 企鵝可愛的姿態，讓人
看得著迷，忘卻煩憂。

親友誤會，讓他難以釋懷⋯⋯；一般讀者一生中恐怕難有類似體驗，
但藉著精彩的照片和簡單生動的文字，那些教會陳維滄的事，也能讓
我們不用親臨險境就獲得同樣感動。

可以說，極境教我們的是：人何其渺小，但破壞力却又如此巨
大！陳維滄曾一天內看見7隻北極熊，但地球暖化，增加北極熊的覓
食難度。2009年已發生好幾起公熊為了填飽肚子吃小熊的悲慘事件，
新疆塔克拉瑪干沙漠為了發展觀光，允許吉普車和越野車橫越，扼殺
了隱匿沙中的動物。一張張美麗照片的背後，有太多值得人類警惕的
訊息。

探索永無止盡

陳維滄年輕時事業有成，創辦谷威貿易有限公司，在禮品外貿界
開創一片天地。60歲時，用他自己的話來說是「看破紅塵」，憑著堅
強意志力挑戰喜馬拉雅山，他開始前往世界各角落旅行攝影。

今年73歲的他，行動言談間，一點都不顯老態，他還有許多事想
做，除了想完整深入記錄西藏的天葬，也想繼續前往世界各地不同的
角落，體驗大自然的浩瀚與各種人文風貌。

什麼叫做老？什麼是退休？什麼是世界的盡頭？什麼又叫永無止
盡？陳維滄用他自己的方式，活出不一樣的答案。

陳維滄 背著相機勇闖麻風村

文／張平宜（中國時報記者、中華希望之翼服務協會執行長）
原載於《谷威人》/ 2000年

　　第一次認識陳維滄，是在中國麻風服務協會籌備會上。休息時間，他前來自我介紹，告訴我，他曾看過我的報導，才從雲南麻風村回來，並出示一疊攝自麻風村的照片。翻閱一張張照片，我內心掠過一陣陣感動，對眼前這位看來一身樸實，一臉誠懇的陌生人，不禁燃起深度好奇，他是個什麼樣的人？為何會去關懷一群乏人問津又讓人避之唯恐不及的麻風病人？他名片上的頭銜，印的是谷威貿易公司的董事長。

　　由於這個因緣際會，我與陳董事長結緣，幾次相處下來，我發覺他儘管事業有成，卻不被金錢奴役，個性有些孤傲，又不失赤子情懷，感覺上是個特立獨行的遊俠。

　　陳維滄説，他對痲瘋病的悲憫，來自於老電影《賓漢》，只是當時的震撼被歲月沉澱在記憶深處，直到這一次，如此貼近痲瘋病患，親眼目睹他們赤裸裸的苦難，他的悲憫再度浮現，內心的激情更加波濤洶湧……。

　　返回台灣後，他一直在想，到底能為這群被文明拋棄的社會邊緣人做些什麼？他先後捐出3萬美金、5萬港幣資助澳門陸毅神父的痲瘋慈善事業，但有感於個人力量的單薄，他又興起自掏腰包出書，替谷寒松神父在台灣新成立的「中國痲瘋服務協會」募款的念頭，盼望這趟雲南痲瘋行，透由相機的真實紀錄，搭起與社會大眾溝通的一道橋梁。

　　在攝影界，陳維滄並不是什麼大師級的人物，可是他對攝影的狂熱，令人印象深刻。

　　一頭栽入旅遊攝影，背著沉重的行囊，上山下海，深入新疆、南美、希臘、尼泊爾、緬甸、土耳其、埃及、歐洲等地以近乎苦行僧的學習之旅，開闊視野，歷練技術，他由衷地説，相機就像他的第三隻眼，現在他對人事物，觀察更加仔細敏鋭，也因此從前常被他忽略的景致，竟突然間像打了燈光似地，一一從身邊亮了起來。

儘管對各種攝影充滿廣泛的興趣，不過，陳維滄最愛人文攝影，尤其臉部表情特寫。他說，因為他對人特別好奇的緣故，他老想從相機銳利的鏡頭中，剖析一個人擁抱生命，走過歲月的刻痕。也因如此，被遺棄在人間底層的痲瘋病人，對他就像磁鐵般充滿了神秘的吸引力。不過，陳維滄強調，他絕非要拿病人的苦難來大作文章，只是想忠實記錄他們悲慘的際遇，讓社會重視他們生存的權益，他說「我自認沒有宗教家偉大的獻身精神，但是替坐困愁城的痲瘋病人做些雪中送炭的小事，我出自心甘情願。」

　　像「生命中不可承受之重」一樣，在陳維滄犀利鏡頭下，病人遭受痲瘋桿菌凌虐的烙痕，總是無所遁形，一張張局部特寫，看得直叫人痛心。探訪過一個又一個痲瘋村，帶著沉重的心情，按下一個又一個快門，陳維滄緊繃的心弦，終於在聽到華坪縣一位68歲老人楊聲榮的真情告白時，忍不住崩解。因為當這位從15歲就被流放到痲瘋村53年的凋零老人，被問到有何願望時，他的回答是：「我好想喝一碗新鮮的豬肝湯。」

　　下山後，陳維滄二話不說，立刻掏出1000元人民幣，請當地衛生局人員買豬肝湯，給全村民享用，也一圓楊聲榮的「豬肝湯夢」。

　　「一碗豬肝湯」至今還讓陳維滄感歎不已，也因為這碗小小的豬肝湯，讓我看到他的真性情。

　　據說，陳維滄悲天憫人的個性是與生俱來的。高中時，他就因多愁善感，被人取了「維特」的綽號。報考大學時，滿懷文學夢的他，因父親婉言相勸，希望他考慮未來出路問題而填寫了經濟系，並如願考上，從此踏上從商之途。

　　白手起家，日後建立以禮品外銷為主的谷威貿易，儘管他是如此不愛當--個生意人，但是他多才多藝、創意十足的行銷理念，卻讓他的禮品事業，成績斐然，不僅被列入台灣十大禮品業的先進模範，10年前，又前瞻地將企業從香港轉移到中國大陸，如

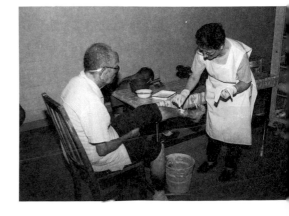

今位於深圳的谷威大樓，可説是陳家企業攀登巔峰的見證。

　　26年叱吒風雲的商場人生，50歲生日時，陳維滄做了一個改變他下半生的決定。回想當時，陳維滄説：「我為了避壽，坐在洛杉磯返回台北的飛機上，由於長時間飛行，我陷入長時間思考，經過一陣天人交戰的掙扎後，我悟到人生的幻滅無常，及鎮日追逐卻永遠無法滿足心靈空虛的金錢人生……最後，我決定50歲後要為自己而活。」

　　把事業經營交給弟弟後，自己退居幕後，「董事長」陳維滄也開始耕耘他「隨心所欲」的自由人生。曾有長達9年的時間，陳維滄專心學禪，不惜賣掉房子，籌組「耕雲禪學基金會」，大力從事心靈改革的文教公益事業。談起從前唱禪曲、印禪書的修行歲月，這位最佳推銷員最欣慰的是，當國內其他宗教大師的佛書無法登「陸」時，他硬是有本事把耕雲先生倡導的「安祥禪」，交由北京三聯書店公開發行，廣為流傳。

　　習禪學佛之餘，一向懷抱人文關懷的谷威公司，也在陳董事長感召下，默默行善，長期資助大陸偏遠地區興學的「希望工程」。據了解，目前已興建5所希望小學、一所中學。有意思的是，這位不求名利，不愛繁文縟節，只歡喜播種希望的陳董事長，至今未曾參加過任何一所學校落成的剪綵典禮，大家只聞其名，不見其人。此外，今年千禧年，陳董事長為了進一步回饋社會，積極推動「希望工程」暨賑災活動，他又催生了「川流文化教育基金會」。慈善事業越搞越大，

責任越背越重，不過他似乎忙得很起勁。

　　有趣的是，別人看他是個性情中人，最愛他的家人卻認為他是個不按牌理出牌的「怪人」。他最近不顧家人的反對，執意去了一趟痲風村，回來後，便攬下一個更艱巨的重責大任；而他這個人就是這樣子，只要訂定目標，他就會展現驚人的意志力。像他現在老背著相機勇闖痲風村，家人不免替他擔心受怕，問他，真的不害怕嗎？一向直言不諱的他表示：「說不怕是騙人的，只是我看到神父都能那麼自然地擁抱病人，我怎麼好意思表現害怕呢？」

編按：

　　本文為張平宜在與陳董同行痲風村的近身採訪，以細膩觀察所作的人物側寫。

　　張平宜是中國時報資深記者。 1992年，以《台灣愛滋病防治經驗》獲第七屆吳舜文新聞報導獎。1996年，以《終戰五十年》獲金鼎獎專題報導獎。之後全力投入關懷大陸偏鄉教育，並接任「中華希望之翼服務協會」執行長，榮獲2017年第九屆星雲真善美新聞傳播獎傳播貢獻獎。2012年1月，被大陸傳媒譽為台灣首位獲選央視感動中國年度人物。著有《台灣娘子上涼山：愛的長征──擁抱被痲風烙印的小孩》等書。

　　陳董因為張平宜對大陸偏鄉痲風村的報導結下深緣。之後也在她的安排下，連繫澳門明愛會的陸毅神父，日後並親自隨神父前往痲風村實際了解，拍攝許多珍貴照片，並寫下一篇〈活著〉長文，記述造訪心得。

　　20年來，陳董持續對痲風村捐款，對全心奉獻於村內的修女們也關懷備至，逢年過節，匯寄紅包鼓勵。新冠疫情初期，醫療用品十分難求，他馬上託美國友人即時送上防疫物資。他和修女們的信件往來頻繁，充分了解大陸目前防治痲風病的進步狀況。

陳維滄的人生壯遊

文／李采洪
寫於2010.5.14，任時報文化總編輯時專訪

50歲放下事業；

60歲為親眼見聖母峰，登高5200公尺；

70歲在南極跳水，度過70歲生日！

　　大前研一在《後五十歲的選擇》一書中曾說，50歲前後，是一生中最能看清全盤人生，並開始倒數計時的時候。例如，開始倒數今後還剩幾次晚餐？幾次旅行？如此，就不至於讓機會流失。如果能用這種方式再活個25年、30年，人生的幸福濃度勢必比原來更高。

　　大前研一的一生，總共3次將所累積的東西毫不覺得「可惜」地全部　除。他覺得，要　除自己，也許需要很大的勇氣，但是，即使自己不重開機，一旦年屆退休，仍會被強制　除。既然如此，那何不提早10年自己先重開機，然後從容準備退休後20年的生活？

50歲刪除過去 重新開機

　　50歲就從商場急流勇退的陳維滄董事長，正是50歲那年「刪除」過去，重新「開機」的人。

　　50歲前，他的人生上半場和多數人一樣，為工作、事業、家庭、子女，忙到「衣帶漸寬終不悔」；50歲以後，他將事業交棒給弟弟，開始背起相機去旅行。「刪除」自己企業家的身分，重新「開機」，成為旅行達人。

　　20多年來，他四探南極、三訪北極、六度到西藏，背著重達10公斤的攝影器材，遠征沙漠、非洲草原、喜馬拉雅山。

　　當他的企業界朋友們，守在辦公室裡、奔忙於兩岸間，為公司的生存和成長搔白了髮。陳維滄卻爬到4千公尺高山上，只為親眼目睹聖母峰的絕美；守在極地的冰雪中，只為拍攝南極企鵝躍出水面的蓬勃激情、抓住北極瞬間的奇幻光彩。

選擇放下事業 完成一場場人生壯遊

　　有人會說：「因為他事業有成，有錢了，所以可以這樣做。」

　　我倒覺得，有錢、有成就時要放下一切，比一事無成的人要放下還要難！這就是陳維滄異於一般人之處。

　　或許就是「難」，讓陳維滄的旅行顯得特別。5月7日（星期五）和8日（星期六）晚間，他分別應埔里圖書館和東海大學之邀前往演講。埔里，是他的故鄉；東海大學，是他的母校。我隨行南下，親身感受陳維滄如何對他的故鄉人、年輕學弟妹們分享自己的壯遊經歷。

他的旅行 為大家打開世界另一扇窗

　　兩場演講聽眾不同，現場氣氛和互動狀況也迴異。在埔里圖書館的演講，我本來擔心埔里是山中小　，加上當週遇母親節，　上還有其它活動，可能分散聽眾群，會有多少人來聽演講？沒想到，演講時

間一到，可容納60人的演講廳滿座之外，走道上、講台前地板上，都坐滿人。

大概是回到故鄉，陳維滄演講時特別有感情，大部分用台語，先從他小時候說起，那時他和兄弟、鄰居在大自然裡嬉戲、數學是他最怕的學科……

演講中他提到，50歲時看到週遭朋友中，有不少是擁有很多財富的上市公司老闆，卻一點都不快樂，他於是決定退休；60歲時，到尼泊爾高山健行，展開他人生第一次壯遊。

曾經是成功企業家的陳維滄，變成旅行家之後，以做事業的專注與熱情，去拓展他的攝影旅行版圖。演講中，他分享旅途中一個又一個自我挑戰和超越的故事，加上他在旅行中拍攝的照片，例如，中國石窟不可思議的雄偉、加拉巴哥群島、非洲難得一見的奇特野生動物、雲南麻風村慘不忍睹、看不到希望的病人……，陳維滄的演說和影像，為聽眾打開另一扇窗，帶大家進入另一個世界。

第二天在東海大學的演講，可能是演講廳沒坐滿，我感受到陳維滄演講的熱情稍減，內容不如前一天精彩。但他的特殊旅遊經歷，依然有種魔力，吸引一顆顆年輕的心，我想，陳維滄給台下比他小50歲的學弟妹們，很好的另類人生　發。因為，他真的是很特別的學長，60歲到5200公尺高山挑戰自我，70歲在南極跳下-5℃的海水中，度過自己的70歲生日。

演講過後，學生不斷舉手，發問之熱烈，是我近年來聽演講所僅見。

聽了兩場演講，我也跟著上山、下極地神遊一番。回到飯店在大廳酒吧聊天時，我問陳維滄：「到南極跳水很痛吧？！」這麼問，是我有位朋友也曾到南極跳水，他形容南極的跳水經驗是：「全身泡在冰水裡，痛、痛、痛啊！撐著凍僵的身體爬上岸，身體痛到沒辦法穿衣服，只有用大毛巾暖和身子，在哀嚎聲中，慢慢穿上衣服、保暖衣、羽絨外套……真的是痛到哭出來。」

但我朋友在南極跳水時，年僅28歲；陳維滄跳水，是70歲。可以想見，陳維滄跳水時，旁邊應有醫護人員緊盯著，可能怕他年紀大

了、心臟會受不了，他很快就被拉上船。不過，我想，要將自己浸在南極的冰水中，時間再怎麼短，都必須有過人的勇氣，才敢往下跳。

針對我的問題，陳維滄的回答是：「肉體的痛很快就會忘記，精神上的痛才會記很久。」

艱難的行旅 是超越和重生

聽到這個答案，我忽然想通了一些事。原來，克服旅途中的肉體痛苦、完成一切之後，會昇華成為心靈的滿足，這樣的過程，足以讓旅人一再上癮，淡忘上一次的痛苦，繼續追尋⋯⋯

這可以解釋為何一些登山成癮的人，在登山過程中，遇到挑戰和障礙、體力耗盡時，總不免抱怨自己沒事自找麻煩，放著正事不幹，千里迢迢跑來登山。但是請放心，這些人這回罵完了，下次還是繼續挑戰更高的山。

陳維滄亦如是，他一次又一次走向極地、高山、沙漠、痲瘋村，除了挑戰體能和耐力、心靈，每一次的行旅都成為他下一次再出發的動能，已逾古稀之年的他，便是如此一再累積、進化他的旅行履歷表。

旅行對陳維滄而言，一如它最原始的含義：Hard work (tra)+ Rebirth(vel)。我想，他便是透過一次次旅行，讓自己不斷的超越和重生。

極境

文／翁翁（視覺及平面設計家、金門文史工作者）
原載於《金門日報》/ 浯江夜話副刊 / 2010.09.04

「疲憊的身心，浸潤在未知的恐懼與絢麗美景的期盼中。一面追
逐著迭宕起伏的景象，一面領略著危機四伏的驚悚，心靈不斷與身體
交涉，任何一個念頭的改變，都牽動著下一步的安危……」

初時，瀏覽液晶螢幕上一幀幀壯闊絕色的層層冰山雪海，杳無
人煙的荒山極境，是我們大部分人，窮此一生恐怕難有機會造訪的風
景；雖然我們確實同在一個地球之上，仰望同樣的陽光、呼吸著同樣
的空氣。面對這些得來不易的絕色之景，除了讚嘆，我暗自仰慕，拍
攝出這些美好的畫面，更羨慕的是置身於極地的那份開闊與寂靜之
心；想那時，除了寒沁，應該還有呼嘯拂掃的風聲、一望無際灰寒陰
沈的天幕漫天開展……。

　　造境者創造了如此蒼闊孤絕的山水境域，却又吝於讓世人分享，只散置在人們足跡難以接近的極境之地。後來得知，全部的攝影作品出自一位70多歲的老玩家。他自稱「老頑童」，而且還是屢次出入於南極、北極、喜馬拉雅山糸、西藏大漠的老先生。不由得暗自好奇，是何等胸懷視野，何等豪情壯志，可以讓他如此視迨生命，排開一切，渴望著一次又一次地親炙那些遙遠、陌生的孤寂之境？

　　極地裡有瞬息萬變的種種幻化，極端的氣候顯然不適人類常駐，所以才有超越塵俗的遺世曠野之景，對於主宰著地球命運的人類而言，極境的存在是幸或不幸呢？冰山浮流，不容人類久留，卻繁衍著萬千造型多變的企鵝族群、龐大身軀但沈穩矯健的北極熊…我們稱之為極境的冰天雪地，是牠們唯一適應的生存之地。那麼，是人類的適應力遠遠不及野生物種的存活之本能？

　　新近，接受出版社的邀約，替一本名為《那些極境教我的事》設計包裝，因而有機會認識了作者──這位率性熱情、積極不歇的退休企業家──陳維滄先生。幾次的接觸，直覺老先生似乎並沒有真正退休的念頭；他只是變換了跑道，朝著比企業經營更吸引人心的另一塊版圖邁進，雄心勃勃而且樂此不疲，在一次次的極地旅行中，找尋自然與心靈的阡陌秘境。

老先生喜歡在週末時，邀我前去他的辦公室面敘，他說只是隨便聊聊，順便溝通關於整本書的編排與想法。他明白表示，目前的他終年無休，對於我委婉推拖不想在假期談論工作卻毫不為意。面對著如此熱中於工作、況且還是關於一本新書的催生者，我毫無招架之力而準時赴約。

他是一位處於無憂無掛的知命之人，享受生命極境之悅，龐大的事業體系已經交由第二代接手，所以他成立了「川流文化教育基金會」積極推動包含文化藝術、教育慈善等志業。然而他同時發覺到生命另一處致命的驚奇——探尋極地秘徑。他讓我翻閱他私藏的諸多精采的攝影作品，絕大多數與新書的內容無關，顯然老先生自得其樂於捕捉野地生態的興致，所有野地飛禽走獸他都取景拍攝，而且精選好的作品沖印裝冊，儼然一位都會隱者，在私擁的城堡裡靜享生活的樂趣。

我們在巷弄裡小巧的日式料理店享用午餐，老先生突然問起：像你這樣的年歲，有沒有什麼尚未實現的夢想或計畫？我猜想老先生努力地經營過他豐富的一生歷程，有了眼前的經濟地位與尊榮，他實踐了他的夢想，並追逐所有可能的極境之旅。就生命歷練的種種可能，他正處於一種極境之境，值得稱羨。

至於常民大夢，人人都有；沒有了夢想，生命大致就失去存在的意義。雖然大部分的夢想未必盡如人意，但光是想起攀登高峰頂巔的剎那間，俯看群山綿延、冰雪無涯，所有的榮耀與感動在瞬間達成，然而，想起如何回頭面對塵世的紛擾與疲憊的身軀，卻是難以取捨的困境。極境，教了我們怎樣面對生命的態度？如果，有那麼一天你也置身極地。

編按：

翁翁為國內知名美術編輯、封面設計高手，也寫作多部與金門藝文相關的好書。因為陳董《那些極境教我的事》結緣而成為知友，12年來，陸續為陳董多本著作擔綱美術編輯或藝術總監重任，使好書有好設計而相得益彰。

南極、北極、西藏 縱橫數十回
陳維滄 極地拍出真善美

文／吳垠慧
原載於2013年11月1日《中國時報》

從事攝影旅遊25年，陳維滄4探南極、5訪印度新疆、6到北極、7至西藏、3度赴非洲，還遠征喜瑪拉雅山，乃至達爾文研究物種起源的加拉巴哥群島，一場場驚人的壯遊之旅，充滿挑戰與高風險，很難想像這是77歲的陳維滄享受的退休生活，近期他從20多萬張照片中精選出數百張，出版了第一本攝影集《縱橫極地》。

書中記錄令人震懾的南極拉森冰棚、船隻在怒海破浪的驚險瞬間、南極企鵝的生長環境、小北極熊初探世界的珍貴畫面，及藏族天葬儀式，陳維滄從中追尋真善美、增長人生智慧，他說：「我在壯遊中藉攝影『修行』」。

為了攝影去旅遊

陳維滄原是貿易公司的負責人，白手起家，卻在50歲那年、事業頂峰之際急流勇退，交棒給家族，之後成立了川流文化教育基金會，投身環保公益、推動兩岸文化交流之餘，也開啟他的壯遊攝影之旅。

有別於一般人夢想的遊山玩水退休生活，陳維滄背著15公斤的攝

影器材，身穿5公斤重的禦寒衣物，像苦行僧似的上山下海，接受炎熱酷寒的試煉，「把吃苦當吃補，是我退休生活最大的樂趣」，而這一切只因對攝影的狂熱，「別人為旅遊而攝影，我是為了攝影去旅遊。」

探訪靜寂的極地

陳維滄年輕時就愛攝影，退休後開始土法煉鋼自學拍照，為了拍出不同於「到此一遊」的旅遊照片，他選擇人煙罕至之地，受南極遼闊寂靜又敞亮藍白的色調吸引，曾4度造訪；北極冷冽的凍原蒼涼，卻孕育了北極熊、紅狐等生物，「看了會讓人感動掉淚。」

盼喚醒環保意識

有耐性、自認勤能補拙，加上一點好運氣，陳維滄在7天內拍到小北極熊探出地洞，和母親「親親」的親暱畫面，陳維滄說，英國BBC紀錄片《極地熊寶貝》的製作團隊花了15年跟拍，仍沒拍到小北極熊初探世界的影像。

過於專注的結果，陳維滄常忘記身處危險之中，凍傷、滑倒和雪盲全遇上了，一次全神貫注拍攝海鳥，沒注意到自己落單，差點被身旁齜牙咧嘴的海豹攻擊。

拍攝過程中，陳維滄一面親領自然之美，另一方面觀察到極地環境在變化，如因覓食困難消瘦的北極熊、南極冰棚因暖化而崩坍，極地的生存環境日益艱難，他希望透過自己的照片，喚起外界對環境保育的重視，「有朝一日，如果牠們變成美麗的傳說、從大地永遠消失，人類只能從照片中去追憶這一切。」

遠離繁華　逆境中體悟生命

　　陳維滄身上有著企業家的務實與果決，也有探險家的冒險精神，77歲的他行動與思路矯捷依然。年輕時看到社會菁英們有錢有勢，卻不快樂，讓他思索生命的意義，「物質追求沒有止盡，活著到底為什麼？不就是要快樂。」於是，他見好就收，放下一切，把時間留給自己，在壯遊歷程中體悟生命之理。

　　「離繁華愈遠，離自己愈近」，陳維滄在新疆、蒙古看到沙漠像畫布，風是畫筆，風一吹、沙漠瞬間就變了樣貌，「這就是無常」。陳維滄的堅毅耐力，讓他在蒙古巴丹吉林沙漠，拍到陽光撒落在行進於沙丘間的駱駝隊伍身上，天上出現一道道金黃光束，「有如耶穌光，美極了！」

　　他去西藏深入一般觀光客不會去的偏郊鄉間，拍到四川省西北、青藏高原巴顏喀拉山南麓的色達喇榮五明佛學院，海拔高度4107公尺，環境險惡，然而舉目所見盡是櫛比鱗次的宿舍，從山腳向山頂密密麻麻鋪展開來，氣勢恢宏令人動容。

極地 深沉的召喚

文／周慧珠（作家，刊載於人間福報）
原載於《人間福報》/閱讀版 / 2010.9.26

「澎湃洶湧的沙浪蠻橫而來。一陣風吹過，沙漠瞬間變了樣貌。它的美，美得讓人不自主地想接近，而暫時忘了那些柔美、幻變的光影背後潛在的危機。或許，正因為沙漠的危險，讓人更加地謙卑；沙漠的曠與野，吸引人去探索未知的極境；沙漠的虛無與寧靜，讓人親近孤獨。美學大師蔣勳說：『孤獨是一種沉澱，而孤獨沉澱後的思維是清明』，從孤獨中，因而照見自己的心，看見生命的美麗。」

閱讀這樣的文字，不由得想起年輕時候十分傾心《天地一沙鷗》，李查‧巴哈（Richard D. Bach）說：「大多數的海鷗只想做最簡單的事，牠們只在乎吃，不在乎飛。」雖說生命的意義因人而異，

但總相信在本質上都有一個最最圓滿的靈魂，只要不被欲念執著蒙蔽、不昏沉睡去，所有靈魂應是自由活現的，它隨緣探尋、隨波逐浪、隨機覺知，於是如虛空、如大地，浩浩然、蕩蕩然。

彷彿得了「極地遠征症候群」，陳維滄曾經多次（編按：至今11次）前往南極和北極。他說，極地旅行對他而言，不是財富的炫耀，而是更深沉的召喚，讓他願意承受暈船的不適及各種風險……這些壯遊經歷，讓陳維滄完成了《那些極境教我的事》一書，引領讀者神遊極境，一起體會極境之神祕與美麗。

極地間的挑戰

大學時代就喜愛攝影的陳維滄，60歲時，依他自己說是「看破紅塵」，為親睹聖母峰之美，到尼泊爾登山健行，憑著堅強意志力挑戰喜馬拉雅山，征服4000多公尺高山，忍受高山症之苦；多次造訪南極與北極，六度到西藏，無數次深入沙漠，並開始前往世界各角落旅行攝影。

深入極境讓他的心靈有如飛鳥般自由，能在高度上檢視這個世間，以及自己的心念。

沙丘無語歌唱

在這些原始生存法則主導一切的荒野，陳維滄終於明白了面對死亡，自己並沒有想像中的豁達。但是他在這裡，驚見一滴水、一株草都不吝於展露出生命力。他也曾越過一個又一個沙漠，陳維滄清楚看見了每個沙漠不可言喻的美，更貼心閱讀了那海市蜃樓的虛幻。

新疆沙漠：世界第二大的塔克拉瑪干沙漠，大唐和波斯的客商往來，駝鈴聲不絕於耳。

內蒙古沙漠：世界第四大的巴丹吉林沙漠，站在世界最巨大的沙山前，500多公尺落差震撼人心。神祕的西夏黑城，殘留的佛塔記錄了在這片穆斯林之地的世代更替。

　　西藏沙漠：世界上海拔最高的小型沙漠，藏在冰凍的雪域高原中，沙漠後是高聳的山巒疊嶂。

　　印度沙漠：散發中世紀情調，印度教的傳統文化與伊斯蘭文化融和。

　　非洲沙漠：世界最大的撒哈拉沙漠，數百年來，旅行家與科學家的探險故事不斷。

　　「沙漠，對一般人而言是遙不可及的未知與陌生，但在地球上卻絕對是個巨大的存在，占了陸地的三分之一。相對於南、北極旅行時所感受的大海茫茫，眼前這些浩瀚無邊的沙漠，比起大海卻又只是一小塊；沙漠與海，相對於宇宙，更只是一粒微塵。那麼，人又是何其渺小？」

　　是啊！每一個人都只是浩浩娑婆大洋中的一滴水，偏總忘了，不肯虛心誠懇做好那滴水；閱讀《那些極境教我的事》，且莫忘！蝸牛角上爭何事？

不只是朝聖

文／妙蘊法師（佛光山法師、香海文化事業執行長）
原載於《人間福報》/閱讀版 / 2010.9.26

我喜歡看旅記。

不叫遊記而稱為旅記，因著旅行，比淺嘗即止的遊覽具有更多種樣貌：唐朝玄奘大師《大唐西域記》是偉大的行腳紀錄，艾倫・狄波頓《旅行的藝術》充滿了藝術與觀察的智慧，星野道夫的《在漫長的旅途中》則是深入極圈的生活點滴，徐霞客的《徐霞客遊記》則記錄了他自22歲始遊，一直到54歲去世前，一生的壯遊見聞。此外，中華書局出版的《東坡志林》，也收錄了蘇東坡不少的旅記極短篇，小小景點寄寓了一代文豪在旅途上的不同心情。

看這些旅記能助我澄靜。同樣是旅記，頃收陳維滄先生寄來的新書《那些極地教我的事》，我卻是激動的。在第一時間讀完，第一個念頭就是想寫一篇東西來回報他。這麼熱情主動，於我，是從沒有的事。只因，陳先生是我很尊敬的長者，他筆下的那些極地，雖無緣親臨，剎時也跟我親切起來。

初識陳董，緣於他主動寄來他的攝影作品筆記書《雪泥鴻爪》，表示願意提供攝影作品，當時我正負責《人間福報・奇人妙事版》。第一次的電話連絡即見識到，這位長者在不疾不徐的談吐裡展露一股熱力。他連我的人都還沒見到呢，就說他有上萬張的照片，可以無酬提供給我用，還說他有一群攝影發燒友，他以後會一一介紹給我認識。老人家（強調一句，這是我還沒拜訪他之前的錯覺）怕我出家既久，不懂社會用語，還問我：「懂不懂『發燒友』是什麼？」可愛！

電話連絡當天，他即邀我去他公司選照片，選了南極和北極的照片幾十幀。這之後的幾年，幾次短暫拜訪，漸漸知道這是一位真心關懷社會，而且默默付諸行動的長者，大陸的希望小學、痲瘋村和禪學會不說，台灣爆發SARS時，他一人帶著了幾大箱防護衣和口罩，想要

透過相關部門，捐給需要的單位如和平醫院，最後無功而返，他連連搖頭說：「報效無門」。

說了這麼多，似乎跟他的書無關。其實，我很感謝先讀了他的人，這也是收到書後有點激動的原因。唯有此人，而有此書。和上一本書《夢想南極》相比，我竟感覺書裡，處處是宗教徒朝聖的氛圍，如果沒有宗教徒一生必朝幾次聖的決心，珠穆朗瑪峰前的高山症危機如何能度過？且還能感受南極零下水域裸身跳水、冰海的純淨清澈？

極境極美，卻也極險！陳董說他旅行時習慣帶隻泰迪熊，讓我夜半展書不覺莞爾，想像在極美極險的旅途上，和泰迪熊素面相見不知是何況味？書上逗趣的帝王企鵝好奇地啄泰迪熊的畫面，不知當北極熊遇到泰迪熊，是如何一種「熊熊相見」的畫面？

極境的純淨，教會人們放下身邊層層的假面，面對原始的自己；極境的不可知，教會人們感恩眼前仍能感受的世界，極境還能教會人類什麼？於我，應該能在這本床頭書中，慢慢體會吧！

極境有大美 看見真實的夢幻影像

文／ Seymour（文字工作者）
原載於《AUDI奧迪車主雜誌》/ 2020夏季號

在攝影大眾化的年代，反而很難看到令人心頭一顫的好作品。
遠離熙攘的人群，造訪化外極地，且跟隨極地攝影師陳維滄的腳步，
來到真正的天涯海角，在自然的造化之美中，
再次發現對影像的感動。

　　說起陳維滄這個名字，有些人知道他是一位成功的企業家，是川流文化教育基金會的董事長，也有人知道他是一位作家，去過很多地方旅行。更多人則是不曉得這個名字，卻曾看過他拍攝的各種極地作品，並留下了難忘的印象。

　　一般人很難相信，這位年過80的長者，從50歲之後彷彿得了「極地遠征症候群」，先後曾十多次探訪南極和北極，最長的為期29天。與一般「收集旅遊經驗」的人不同，極地探索對他而言，除了是為了攝影之外，更是具有心靈召喚等深層意義。

　　「地球上有三個地方一直是攝影者的嚮往： 北極、南極、中極（西藏）。初探南極時， 純淨的大地深深震撼了我，就讓我種下了極地相思的種子。」陳維滄說，旅行（Travel）這個字依照拉丁文具有「Hard work」與「Re-birth」雙重意義，「Hard work」指完整的旅程規劃，「Re-birth」則是透過一段前所未有的體悟，得到全新的啟發。外人看來猶如苦行的旅程，對他來說卻是源頭活水，沖刷成一張又一張精彩絕倫的照片，讓人大開眼界。

五訪南極 純白的心靈原鄉

　　「落了片白茫茫大地真乾淨」，這是《紅樓夢》的名句，也是陳

▲ 搭乘核子動力的破冰船，到北極圈正中心。

維滄第一次來到南極時，心頭湧現的感動。極地看似空無一物，實有著最純粹的白、最純粹的光、最純粹的影，表面上看來都是白茫茫的一片，仔細觀察卻又發現它深廣、遠近、高低一應俱全。在極地，心曠神怡，可以找回最璞真、最原始的感動；在極地，放眼望去，大地晶瑩透亮，像面純白的鏡子一樣，可照見自己，印證莊子所云：「至人之用心若鏡」。所以即使旅程遙遠而艱難，陳維滄在日後又去了好幾趟南極。

第五次去南極，不再只是造訪小島，而是真正登上了南極大陸。在冰上爬山與陸地又有不同，每踏一步都是「硬著陸」，光是膝蓋的負擔就很吃力，而且光是雪靴就重達3公斤，加上其他重裝備，以及隨身十多公斤的攝影器材，這種旅行可謂是苦行，但是這個未被人類破壞的大地也願意適時回報這樣的行者，讓他們看到一次又一次永難忘懷的畫面。

新疆沙漠 絲路商旅的千年身影

　　在陳維滄眼中，唐朝的玄奘法師不只是一個小說中的人物，也不只是一個佛學大師，而且更是一個真正令他景仰的旅行家。唐貞觀元年，玄奘從中國長安出發，一心要到遙遠的印度求取佛教真經，孤獨地踏上艱苦的沙漠之旅。他隻身橫渡塔克拉瑪干沙漠，翻越終年積雪的帕米爾高原，徒步克服了各種天險。

　　沙漠，對陳維滄來說是另一個不受人類干擾卻又極富人文情懷的地方，更是攝影的寶地，他第一次踏上的攝影之旅，就是在1989年的新疆塔克拉瑪干沙漠，而多年前為了攝影就曾遠赴新疆綠洲的月牙泉嘗試滑翔翼，更靠著簡陋的飛行設備，俯瞰這片黃滾滾的大地；千餘年前，唐僧取經的情懷，以及兩千年來，絲路旅人的足跡，讓他愛上了沙漠。在沙漠想要拍到好照片，苦處一點也不少於南極。為了拍到沙漠旅人與駱駝的身影，陳維滄扛著沉重的器材，在高溫的沙漠裡行走，還得爬上高處的沙丘，在烈陽下慢慢等待，直到一道光芒穿過雲層，映照在駱駝商隊身上，便成就了一次無比經典的畫面。

踏雪尋蹤 與北極熊母子的邂逅

　　除了漫長的等待，攝影有時確實還需要一點幸運。國家地理頻道曾拍一部記錄片《極地熊寶貝》，製作團隊花了15年跟蹤追拍，卻拍不到小北極熊從洞裡冒出的畫面，而陳維滄「只」花了7天時間，就取得了小熊初出洞和北極母熊互動的鏡頭。在極地進

行這樣的「追蹤攝影」是件千辛萬苦的事情，必須一路在零下40度的雪地裡尋覓熊的蹤跡，有時一趟就是4個小時，好的拍攝作品得力於勤能補拙的努力不懈和堅持到底的決心，花比別人多的時間去耐心等待，才有機會獲得幸運之神的青睞。

拍攝北極熊除了需要運氣，也要懂得自制。一百多公尺的距離，在人熊之間已可謂是非常接近，陳維滄看著母熊與小熊在湖邊睡覺，當小熊醒來，母熊的保衛意識也隨即清醒並啟動，當小熊看見人類，充滿好奇地向前走來，卻是母熊隨時可能以行動保護孩子的時刻。懂得適時離開，尊重自然，也是人類在這時候必須學習的課程。

死海晨曦 追尋光影中的故事

「老實說，我並算不上攝影家，我的相機幾乎都保持在P快門，什麼光圈優先、快門優先之類的設定我都不太會用」，陳維滄說，「我可以說是印證『勤能補拙』的例子，我每次都不只帶一台相機，而且每次不只捕捉一種角度，不只拍一個時刻，因此才能拍到不少好作品。」聽到如此坦率的「自剖」，會讓人感到相當訝異，一個享譽國際的極地攝影師居然不是很懂拍照？但也就因為這樣，更讓人相信攝影界常聽到的一句話：「決定照片好壞的不是機身與鏡頭，而是鏡頭後面的頭腦。」

攝影（Photography）一詞源是由希臘文 $\phi \omega \varsigma$--phos（光）與 $\gamma \rho \alpha \phi \iota \varsigma$-- graphis（寫作或繪畫）兩個單詞組成。義大利文的(fotografia)同樣意謂著以「光」寫作或繪畫，也就是說一張好照片要有光影，要有故事，要能成為一幅畫，這是我一直以來相信的攝影之道。就像在死海，一般人只想到漂浮與泥巴浴，陳維滄卻專程起了個大早，在日出之前置身其中，避開了人群的喧囂，拍到晨曦中的光影故事，雖然沒有藍天白雲，但是最簡單的金黃日出與無垠的海天水色，卻能給人更無法忘懷的印象。

真正的喜悦 是心裡會笑

文／長毛（文字工作者）
原載於《魅麗》/ 2011 Jun.

「生命的價值何在？人生的意義何在？人稱「非洲之父」的史懷哲，他有三句話深獲我心：『有工作可做，有對象可愛，有希望可想。』話雖說得簡單，真正落實在生活中，卻是無比豐盈的。」

翻著手中陳維滄董事長的著作《那些極境教我的事》，讀到了上述這段話，這是他在攀登喜馬拉雅山之前，閱讀到一位日本登山客拍照取景時跌落山谷的報導，所引發的感慨。然而，這意外並未消減陳維滄探險的興致，親眼見到聖母峰之後，他的行腳更遍布南極、北極，以及新疆、蒙古、西藏、印度與非洲的荒野大地，每一次的旅程都是身心的煎熬，但每一次的過程總有意外的收穫，正如同他在接受採訪中所說：「旅遊（Travel）源於拉丁字，有「Hard work」辛苦工作和「Re-birth」重生的雙重意義。每次旅遊做點功課，回來會得到啟發、會很受用。真正的旅遊，可以讓人學習、成長。」

旅遊需要那麼認真，不苦嗎？73歲的他，每一次的旅行都要先做足身心的準備，還要蒐集完整的資訊，然後到那天寒地凍山高水深的不毛之地，這不是給自己找麻煩嗎？「我就是自討苦吃！」陳維滄大笑，但他引用尼采的名言作為解答：「懂得為何而活的人，幾乎任何痛苦都可以忍受。」他說：「一個痛苦的過程，回憶無窮，因為有個目標，會忘記痛苦。苦盡甘來後的喜悦，是真正的喜悦，是心裡會笑。」

「心裡會笑」的喜悅，這4個字震撼了我們！人活著走這一遭，不就是為了這目的嗎？重點是，該如何達到？該如何取捨？該如何轉念？回到史懷哲的三句話，結合陳維滄對旅遊的解讀，歸納採訪中得知的他的故事，我們得到了以下的答案：「學習使人開闊、愛讓人重生、希望教人成長」，從而省悟人的卑微與平凡，唯有智慧才能助人想得開，我們才能享受寬廣不受限的人生。

學習使人開闊
突破 不侷限於現狀

　　攤開陳維滄的資歷，不由得令人目瞪口呆，年輕縱橫商場時，他賣英文打字機、玩棒球隊、組合唱團、成立貿易公司、發行雜誌、參加社團；退休交棒後，他做公益、推廣文化、成立文教基金會、舉辦兩岸交流座談，還贊助多部探討生命的影片拍攝……。洋洋灑灑落落長，乍看之下，還真搞不清哪個才是他的正職？退休對他而言，玩真的？還是講假的？

　　陳維滄的精采，就在於他對於「Hard work」，有著不同的解讀，「辛苦工作」這4個字，絕非苦著臉把工做完，而是辛勤認真地體驗每個當下，也就是過程比目標更具意義，尤其是體驗人生、豐富閱歷、關懷奉獻。「付出越多，收穫越大，The more you pay, the more you gain.」陳維滄用這句話為自己作見證。

　　也因此，儘管他的職場生涯主軸不曾偏離企業經營，但他同時在豐富生命、滋養心靈的藝文、音樂、宗教等領域有著傑出的奉獻。「我在學校念書時，就喜歡去探索心靈，參加基督教團契、查經班等等……，後來我去打工賺錢，對於佛教的文物特別喜歡，看到佛像，心生歡喜，我就把它買下來。這些年來，我太太對我說，我好像對高僧大德，法師、神父、牧師特別有親切感，猜我前世大概是出家人吧！我對無私奉獻的人群，包括任何神職人員，都是特別地尊敬。」

　　然而，陳維滄的尊敬並不侷限於依循現狀，他還會尋求突破。「我成立了一個禪學基金會，辦了一本中華禪學雜誌。過幾年，我發

▶ 陳維滄董事長所成立的安祥合唱團,是台灣第一個受邀到北京,參加第三屆國際音樂節的演出團體,並與北京合唱團締結為姊妹團。

現佛教和基督教最大的差別是沒有『樂教』,就像基督教的聖歌會感動人,所以籌組一個佛教的安祥合唱團,用音樂去感動人,1994年有幸受第一屆北京國際合唱節之邀,率76人前往參加公開演唱。」

愛讓人重生
智慧 想開就放得下

「我唯一知道的,就是我的無知。」這句哲學家蘇格拉底的格言,是陳維滄北極探險後,期許人類必須深思自省,而這般的感觸,也在走過西藏、南極與沙漠後在他心中盤據:「成功如果沒有愛的成分,這樣的成功意義不大。人一點也不偉大,人很平凡,人一點也沒辦法勝天,人應該是很卑微的。成功除了自己有恆心之外,其實有很多外在機緣與貴人所促成,時勢造英雄。」「我們不曉得真理,所以會被情所困,被物所牽;人就是沒有智慧,就是想不開,真的想開了就可以放得下。」而這,就是愛讓人重生的開始。

陳維滄口中的「愛」,超越家庭與情愛,可以簡單歸納成服務與關心。「冰天雪地的南極,彷彿有一種無形的能力,揭去人們虛假的外衣,讓我赤裸裸地感受所見所聞。於是見到陌生的旅客,湧出如家

143

人般的親切，見到嗷嗷待哺的小企鵝，以及落單的企鵝被海鳥攻擊，都不由得心生悲憫。」這段寫在書中的文字，是他對生命的關心；而他長年來對於公益的熱心與捐助，則是他對於社會的回饋。這樣不怕坐吃山空嗎？尤其是他早已從職場退休。陳維滄笑說：「我離開商場已經二十幾年，我量力而為一直在捐錢，但好像捐出去的錢又會從別的管道補了進來，源源不絕。」

這段話讓我們聽得咋舌，不知該向他拜師學習理財？還是打聽幫他打理退休金的理財高手？然而，卻突然想到不該如此市儈去分析，金錢只不過是物質的回流，他在心靈上的收穫應遠遠超過於此。但又該如何解釋呢？他說，心存善念，默默行善，一切隨緣，沒有得失心，才能有幸在全球金融風暴不受影響。或許，這就是所謂的業力--個人的生命經歷及他人的遭遇均是受自己的行為影響，所以，付出善心必有善報？或者，從物理學解釋成作用力與反作用力，施予善力，得回善利？

希望教人成長
夢想 不再遙不可及

「我在50歲事業最高峰時，就急流勇退，把棒子交給弟弟。在47、48歲時就開始盤算，請教過幾位高中、大學的同學，如果我現在退休，需要多少錢才夠過下半輩子？算算差不多夠了，就開始準備退休。」陳維滄回憶起退休前的計時倒數。「50歲生日那天，在太平洋上空想著--為誰辛苦為誰忙？我想，錢已足夠了，物質這種東西沒完沒了，應該追尋新的生活，有一點點夢想還可以去實現。所以我決定交棒。」「人生的成功不在於有沒有錢與權，而是在於有沒有希望與夢想。」

而攀登喜馬拉雅山，親眼目睹聖母峰，挑戰自己的體能極限，捕捉每個感動的瞬間，就是陳維滄的希望與夢想。交代好了身後事，放下家人和朋友的擔心，陳維滄背起相機，在60歲的那年，親身體驗了聖母峰的震撼，同時開啟了他探險極地與沙漠的雄心，因為，跨出了

成功的一步，夢想不再是遙不可及的幻想，只要做好準備，它將是可以實現的理想。

　　就這樣，陳維滄展開了一次又一次地壯遊，也一次又一次在生死間脫險，在高山，尼泊爾的火葬與西藏的天葬，他見到肉體的瞬間消失，學到人要放下對肉體的執著；在南極，他跳進冰冷的海水中，體悟自我超越的記憶遠超過肉體的痛苦和恐懼；在北極，他站在地球之頂，見證一位80多歲的中風老先生竟能自己站立的奇蹟發生；在沙漠，他學到了人生無常，應活在當下，如威廉布雷克所言：「從一粒沙看世界，從一朵花見天堂，掌握無窮於掌心，掌握永恆於剎那。」

　　回頭看他的同輩，陳維滄感嘆說：「退休的人，第一個，不曉得怎麼樣過日子，所以要安排洗三溫暖、打牌、泡溫泉、看電影等打發時間；另外一個，還是拼命賺錢，成為錢的奴隸，不曉得活著的意義在哪裡？」除了繼續壯遊追逐人生的究竟之外，陳維滄還有什麼待實現的希望？他想了想，說：「這一生多受貴人幫助而成就了許多心所夢想之事，但感到遺憾的是百學無術，點子太多，而不能制心一處，未能覓得同見同行者，結合眾人力量發揮一些影響力，幫助更多的人，頗有獨孤獨行之慨嘆。」

陳維滄 人生下半場
追尋藝文夢 彎腰樂當環保義工

文／謝登元（文字工作者）

原載於《人間福報》/ 樂活家 / 2013.12.07

陳維滄在生涯各個階段中嘗試過不同的努力，也扮演過不同的角色。他曾是喜讀文哲的文藝青年，也曾是叱吒商場的企業家。做為多愁善感的文藝青年，他右腦感性，創意充沛；做為精明幹練的企業家，他左腦理性，思辨活絡。然而，遺傳自母親勇於追求夢想的基因，讓他能在天命之年、事業有成之際，急流勇退，重新思考人生的方向，專注於發展自己的藝文興趣，並從事公益、擔任義工。雙親是日治時代的知識精英，母親當時算是很前衛的逐夢新女性，曾為赴日完成學業，把只3個月大的他寄養在台灣的外祖父母家。即便在65歲後，她仍懷有夢想，優遊藝術領域，無論繪畫、雕塑、陶藝都頗具天分，一學上手。

陳維滄承傳自母親對藝文的喜好。他在企業界衝鋒陷陣，打拚多年，見多識廣，閱歷豐富。儘管已躋身事業成功人士行列，但仍難忘情年輕時的夢想，腦海中藝文的召喚聲也不時浮現。他知道人對財富累積的欲望是無窮無盡的，更深知：「良田千頃，日食幾何？大廈千間，夜眠八尺」的道理。榮華富貴雖好，但有時猶如浮雲朝露，稍縱即逝；不如擁有慈悲、智慧，廣行善法，廣結善緣，追逐更高層次的夢想，讓人生過得更有深度和價值。因此，他決定見好就收，把時間留給自己，成立非營利組織機構，發願奉獻公益文教。

偏愛高雅靈性畫面

這樣的抉擇是需要一些勇氣的，卻也解除了自己給自己的框架枷鎖，開啟了更美好的人生下半場。他重拾對攝影的興趣，背著相機、腳架，去追求自己的夢想和人生的意義。

由於他是台灣以合唱團推廣佛樂的先驅者，也曾經首開風氣將禪學引進到大陸。這樣的經歷也間接反映到作品裡，影響了素材的取捨、構圖的元素、影像的內涵。

例如拍鳥類時，他選擇性地偏愛拍攝高雅且具靈性象徵的鳥，丹頂鶴即常是入鏡主角。陳維滄認為丹頂鶴頗有禪風，一舉一動，慢條斯理，彷如一行禪師提倡之「行禪」；優雅捕食，境界無異於「食禪」。

再如當他旅行到西藏日喀則區江孜縣的白居寺時，鏡頭特別對焦十萬佛塔的那雙佛眼。佛，似乎是無所不在的。佛，栩栩如生，一直在那裡眺望大千世界，俯瞰芸芸眾生，不管從那個角度切入觀看，它都在那裡靜靜地凝視著，彷彿能洞悉人的內心意念、七情六欲，明察人的一舉一動、所作所為，也似乎在教誡啟示著世人：人在做，佛在看，「諸惡莫作，眾善奉行」。

無常即是人生常態

帶著這樣的心情,在人生行旅中,對事情的看法自然更寬廣、更多元,即便是在杳無人跡的沙漠中,體會也都不一樣。

他在詭譎酷熱、崎嶇難行的沙漠攝影時,大自然直截了當地為他上了一堂叫做「無常善變的課」。

沙漠上一陣熱風襲來,所有印痕瞬間消失,這一刻,還是美麗的沙漠圖樣,下一刻,或許將消失無縱,或許完全變了樣,誰也難以預料。

沙漠猶且如此,更何況人世間?置身其中,讓陳維滄領悟到:無常就像是人生中不得不面對和接受的一種常態。

有了這樣的體認,讓他更有決心和勇氣面對日後攝影旅行裡接踵而至的種種困難和挑戰。

在空、靈、潔、淨的南極,大地宛如一片明鏡,清淨無雜染,帶給他寧靜致遠,超然物外的省思。佛陀的智慧提示,在此更有醍醐灌頂之效,「一切有為法,如夢幻泡影,如露亦如電,應作如是觀。」這金剛光芒,照亮內心深處,和愉悅的感受交相融和,深化他看淡名利表象的想法,也為心靈帶來光明和喜悅。

人生不能淡而無味

在天地蒼茫的北極,他極其難得地拍到北極母熊產後出洞,自由自在地於雪地間伸展四肢、潔身沐浴以及和小熊之間的親暱互動畫面。這些作品在雜誌發表後,獲得讀者極大的回響;但他更關心的是,由於全球暖化,北極海冰層大幅減少,讓北極熊生存環境,面臨嚴峻考驗,三分之

二的北極熊可能在本世紀中滅絕的嚴重問題。

在他的攝影集中，一隻枯瘦落寞的北極熊讓人印象深刻。牠舉目四顧，無依無靠，遙望遠方，一片茫然。這樣的畫面讓人看來不忍且鼻酸，對照後來媒體報導北極熊活活餓死的新聞，更讓人覺得他的擔心不是杞人憂天，而是具有先見之明。這樣的關懷和佛教護生的理念有異曲同工之妙。因為北極熊一旦滅絕，勢必牽動北極圈食物鏈失衡，波及各物種生存權，人類也難倖免，更無法置身度外。

星雲大師曾說：「人生可以淡，但不能淡而無味，無味就是貧乏，在簡單平淡的生活中，也可以享有安詳閒適的樂趣。」

陳維滄頗得箇中三昧。他原本可以如一般M型社會的企業家一樣，在頂端過著送往迎來，日夜應酬的日子，他卻不想侷限一隅，反而選擇放寬眼界，帶著相機走向世界，低調而務實地以鏡頭記錄所見所聞，並不時地關心環保生態。

相對於企業家的奢華生活，他的選擇看似簡單平淡，卻更富於安詳閒適的趣味。南宋高僧道川禪師說：「竹密不妨流水過，山高豈礙白雲飛」，陳維滄出身商界，卻以實際行動示範，仰頭追尋藝文舊夢，彎腰樂當環保義工。

極境壯遊不怕老
長征人生無極地

文／楊語芸（蘋果日報記者）

原載《蘋果日報》/ 蘋中人(台灣)、蘋人誌(香港) / 2019.05.21

從事文字採訪工作多年，採訪前搜集資料、測繪受訪者是我的職分，但從未碰過先對我身家調查的受訪對象；我在約訪的聯絡電話中，大概回答了他「有沒有宗教信仰」、「人生的偶像是誰」、「對＃Me Too有什麼看法」等十幾個問題，我們還交淺言深地交換了不少各自信仰的人生哲理。

給我這初體驗的人，是82歲的不老探險家陳維滄，我因為他的探險人生前來採訪。他走訪三極的次數--北極6次、中極（西藏）7次、南極5次--恐怕居台灣人之首；極境走遍後，近年又屢屢探訪信仰伊斯蘭教的異域。他因為經商成功，而有了走遍世界各地的經濟餘裕，這一點對我等或許不難企及，然而離開之前，需要捨棄；而他在50歲的人生高峰，退下舞台的勇氣，恐怕亦無人能敵。

陳維滄說：「我現在的人生分成三塊：家庭、攝影和公益。」他身後大片玻璃窗外滿是象山的綠意，眼前的台北101大樓，近得彷彿伸出手就可以握進手掌裡，這個鬧中取靜的採訪地點是川流文化教育基金會的辦公室，川流是陳維滄投身文教公益的平台，除資助國內外許多文教計畫外，他的攝影作品也可經此平台讓公益機構免費使用。

在成為不老探險家前，陳維滄人生的前半段非常精彩。他退伍後的第一份工作是騰勝貿易的業務，這家由洪騰勝創辦的公司，代理兄弟牌打字機、縫紉機等，後來又投資觀光業，開了兄弟大飯店。因為洪老闆喜歡棒球，他自己擔任棒球隊的投手，陳維滄則是內野手，「兄弟大飯店棒球隊」從乙組成棒打到甲組成棒--這是中華職棒啟動前的天寶遺事，卻是奠定陳維滄熱愛戶外運動和冒險的重要經驗。

陳維滄30歲首度創業，設立「亞典」專營大理石藝品，但因為容易受景氣影響，他後來改走路線多元的貿易業，成立「谷威」。谷威是陳維滄職涯中最值得一提的成就，它設計代工的泰迪熊與全美第一品牌BOYDS合作，谷威也是第一個將幾米的作品化身為文創商品的公司。那正是中小企業打造「台灣錢淹腳目」的年代，陳維滄麾下26名員工，每年可以創造近10億的營銷金額。

　　事業直上青雲後，陳維滄有機會加入台北東區扶輪社，成為最年輕的社友。只是他很快就發現，那樣一群企業菁英中，居然有三分之一的人家庭不美滿、三分之一的人因為工作壓力得靠安眠藥入睡，僅有像他那樣，在工作之外另有嗜好的人，人生才相對有意義。再加上他看到太多前輩沉迷於功名利祿，貢高我慢，在掌聲堆砌的尊榮中迷失自己，更讓他不斷質問，人生苦短，難道所謂「成功」只有這麼小一扇窗戶？

　　會這樣感性思考，恐怕與陳維滄從小就是個文青有關。不同於現代人聽到「文青」時心中總有一些負面的潛台詞，「文藝青午」這個詞是陳維滄自己冠上的，這或許可由他高中時的綽號「維特」而探知。強說愁的「少年維滄」終日浸淫在文字的感動中，因為醉心中外文學課外書籍，險些遭台中一中留級。明明考上的是東海大學經濟系，卻每天混在中文系所，受教於牟宗三、徐復觀和劉述先等國學大師。追求人生的真善美，成為陳維滄畢生的課業。事實上，他會在採訪前努力認識一位陌生的記者，也是「活到老，學到老」的習慣所致。

　　除了因為閱讀、創作而餵養的感性外，身體裡流淌的冒險熱血，則是由DNA直接刻蝕在陳維滄的骨子裡。他母親在婚前提出「生子後，要赴日本攻讀醫學院」的要求，就當時社會的標準，這簡直「特立獨行、駭人聽聞」；但婚後，陳父不僅容許她將3個月大的長子陳維滄交給娘家扶養，他自己也放棄牙醫系的學歷，陪妻子赴日求學。等到站穩腳步後，才將陳維滄接到日本，在東京的幼稚園「留學」。

　　陳維滄說，返回台灣後，父親成為中學教員，家中的經濟支柱是生財有術的母親，母親熱中賺錢，但也懂得犒賞自己。他還記得父親的退休金有24萬，母親把那筆錢花在環遊世界，30天就用罄當時大學

畢業生十幾年才賺得到的薪水。陳維滄深信，對金錢與探險的看法，他和母親是「同一國的」。

　　至於溫厚的父親，陳維滄舉了兩個例子來描繪他的形象。父親不是長子，但祖父母卻是由他扶養。分配遺產時，父親什麼都不爭取，只要了一口老鐘，灑脫的表現，讓陳維滄印象深刻。父親往生後，他才從鎮公所那兒得知，父親長期將學校配給的白米食油捐獻給遊民，「無緣大慈、同體大悲」的情操，也使得陳維滄在行有餘力時，理所當然地投身公益。

　　50歲毅然退休後，陳維滄背起從高中就開始玩的相機，走往極境，走向生命的真善美。為了親見珠穆朗瑪峰，他交代好所有的後事，在加德滿都登上出事率極高的直升機，飛向海拔2,835的魯克拉，用雙腳朝絕美之峰前進。他克服恐懼、疲累、無助以及險險喪命的高山反應，終於看到8848公尺的最高峰以及並列的8516公尺洛子峰（第四高峰），他說：「筆墨難以形容的喜悅，才真正彰顯出生命的意義。」

　　第一次造訪南極，陳維滄就被那白色大地深深吸引，用他自己的話：「懷疑自己罹患『極地長征症候群』。」他曾因為等候北極熊出洞而等到雪盲，需要開刀；也曾忘情地拍攝企鵝，險些遭海豹攻擊；在肯亞搭乘的熱氣球遇到亂流，他幸運逃過劫數；他甚至曾經報名太空旅行，願意為了20分鐘的外太空體驗，以及進出大氣層約兩小時來回的火箭航程，付出25萬美元的代價。（可惜維京銀河太空船試飛失敗，圓不了他「太空之旅」的夢想。）

　　願意涉險，陳維滄才能夠拍出飛行中的雪鴞（沒錯，就是「哈利波特的信差」）、企鵝躍海的動人線條、冰山如虛如實的倒影、西域胡楊木千年不倒的生命力，以及國家地理頻道攝影組花了14年都拍攝不到的北極熊母子在春天一起出洞的畫面。

　　陳維滄提出「旅行進化論」，他認為旅行的目的是為了讓自己進化成為更好的人，透過攝影而「修行」。因為行腳於那些完全不同於自己舒適圈的環境中，人的思想也有了開疆拓土的機會，他開始用不同的角度思索一些「理所當然」。例如：

　　思索國界：二訪北極時，陳維滄搭乘的核子動力船Yamal號穿越北極海，航向地球之頂--正北90°後，團員們陸續下船，在白色大地上手牽手，將寫著 North Pole 90°N的標示立牌團團圍住。這時船長下命令了：「向左走兩步，恭喜大家來到加拿大」；「向右走、向右走，好，現在腳下是格陵蘭了」。往後退，是冰島；往前走，是俄羅斯；大家好像踩在地球儀上的卡通小矮人一樣，在百步之內，就把東經180°和西經180°都走遍了。

　　「這時候，你會想，明明就是一顆美麗的地球，劃分國界疆域、甚至為了爭多一分土地而引發戰爭，是多麼愚蠢的事。」陳維滄說。

　　思索快樂：在一般人的印象中，孟加拉是極為貧窮的國度，伊朗則是戰火連天，這兩國的人民一定水深火熱！但陳維滄親訪多次，他發現孟加拉人的笑容天真友善，伊朗人安貧樂道，他們都因為有虔誠的信仰，而活得快樂自在。「那我們汲汲營營追求的目標，到底能不

能帶來真正的快樂呢？」陳維滄提醒大家，好好思考這個大哉問。

思索無常：極光與沙漠的美，都是自然的傑作。以天空和沙漠為畫布，以風及電游離的空氣為畫筆，在別人眼中或許只是屏息美景，但陳維滄看到的卻是生滅與無常。在塔克拉瑪干沙漠，他為了拍到駝隊的影子，費力地登上沙丘頂端，等到烏雲散去，陽光不偏不倚地斜射在駱駝身上，拉出黃沙映駝影的經典畫面後，不過是他收拾攝影器材的一點點時間，駝鈴聲猶在，沙丘的皺摺與波紋卻因風揚而換了面貌。緣起緣滅，知道凡人能夠掌握的這般有限，讓陳維滄對人生更為從容、豁達。

思索死亡：陳維滄曾經到過尼泊爾的火葬場及西藏的天葬場，看到不同宗教面對死亡的態度。他們沒有棺木、墳地或骨灰罈等殯葬觀念，不是將遺體放在火堆中燒成灰燼，就是讓禿鷹啄食飽餐，亡者不止走得乾乾淨淨，不會造成環境的負擔，肉體的消失更是疾如旋踵，完全沒有執念。陳維滄就是受到這樣的影響，因此在《那些極境教我的事》一書中鄭重宣告，他人生的最後一哩路，也絕不留戀肉身，要走得瀟灑自在。

「離繁華愈遠，離自己愈近」，陳維滄背著相機與行囊征旅，與其說是為了拍出具故事性的照片，其實更是為了是探問自己的內心。我想到西洋花藝設計中，有所謂3：5：8的黃金比例。以水平型設計為例，花材高為3，瓶身高為5，總高為8，就是最完美的花型。

以此為理，陳維滄前50歲的奮鬥為基礎容器，以後30歲的探險為創作素材，他的八旬年華，正是教人欽羨的黃金人生。

編按：

楊語芸為蘋果日報資深記者，她從事文字採訪工作多年，第一次遇到竟有先對記者身家調查的受訪對象。在經過有趣的互動後，兩人從此有「文以會友」的情誼。特別是她轉跑道到「上下游新聞」後，陳董也曾以不同方式實質表達支持。此次連繫作者授權出版，她感動地說：「沒想到多年前的一篇小文，還有重新集結回顧的機會，十分驚喜，也樂見陳董的新書出版，為人生留下美好紀念。」

雪泥鴻爪 幸福閱讀

文／姜捷（作家、媒體人）

原載於《掌訊》／讀書會專欄／2010.02.01

　　年前，收到讓我驚艷不已的《雪泥鴻爪：陳維滄攝影筆記書》，雖是一本文字不多的筆記書，卻值得一頁一頁地細細品賞天涯壯遊的精湛作品，透過旅遊攝影家陳維滄先生的鏡頭，觀看天地絕美、人文豐貌；更在每一句圖說和每一句格言中裡，慢慢咀嚼生命況味，省思歲月靜好，感恩有愛川流，這真是一本最好的年節禮物，翻閱每一頁的祝福時，滿滿感恩，滿滿幸福！

　　最感動的，莫過於在映入眼簾的開卷頁，竟是為志工們加油打氣：「在台灣，致力於弱勢團體權益福祉，以及為教育文化、生態、環境保護等公共議題發聲的非營利機構，多達六萬四千家，令人嘖嘖稱奇。」讓有緣收到這本精美筆記書的幸福志工們，都擁書在懷，感受到寒流中暖意，志工從來都不求回報，只期待小小的善舉能使世界更美好，一本好書的肯定，勝過千言萬語，那祝福使人微笑，使人心寬自在，自然流露在服務中，讓被服務者也感受到那溫馨柔軟，蔚為可貴可愛的善循環。

　　陳維滄陳董從年輕就是志工，熱愛閱讀，推廣教育，樂善公益，不遺餘力；這位極具世界觀的實業家，以社會責任為己任，在志工崗位上更是行動派的即知即行者，在擔任衛教志工時，獨力製播《和平風暴》SARS專題報導紀錄片，所提出的建言與迴響，在此次新冠疫情中都深具參考價值；更深諳媒體力量而贊助台視《讓生命發光—NPO公益短片》及贊助公視製播12集《星星的秘密》，為兒童罕見疾病作衛教宣傳；他著重於精神生活，涉獵藝術、音樂、文學等生活養份，對真善美聖的追求、抱持行善初衷而持之以恆的愛德踐履，他的生命故事本身就是一本不同凡響的幸福書，在在鼓勵著志工們。

　　令人驚奇不已的是他「行千萬里路」的自我挑戰，從50歲就從

155

人生巔峰急流勇退的他，34年來，足跡遍及五大洲，寰宇壯遊包括多次深探冰天雪地的南北極、酷熱的赤道與大漠、絲路行腳、青藏高原、深入南美洲蠻荒、馳騁非洲大地，叩訪衣索比亞、以色列、埃及古城，以及日本、泰國、印度、柬埔寨、仙本那、克羅埃西亞等近百國家與地區，那近乎苦行僧餐風露宿的行旅，親炙大自然的壯闊與考驗，深悟人文歷史的美麗與哀愁。

陳董所到之處的豐富斬獲，在生死關頭的了悟，毫不藏私地分享罕見的美景，以敏銳的觀察，更透過鏡頭說生命故事，在《講義》發表數十篇深度旅遊專輯，獲選為《講義》雜誌年度最佳旅遊作家；前後出版的《那些極境教我的事》、《看見真實的北極》更屢次登上暢銷排行榜、角逐新聞局金鼎獎；而《縱橫極地》攝影巨作及《魅力非洲》、《雪泥鴻爪》等攝影筆記書，更是讓人驚嘆驚喜，由衷而生保育心與環境保護之愛。

成功辦過為數不少的雜誌、年刊的陳董，更深諳出版，將萬里行旅的見聞作簡潔有力的圖文整合，也鼓勵看書的人在開放的留白頁面設計中，隨手寫上感動與感悟，自然影像帶著我們神遊可能這輩子都去不了的天涯海角，藉著文圖增長了智慧、打開了視野，更在生活體會中，深深感謝天上必有一位時時垂顧、慈愛照看的神，而覺察內在的平安與喜樂。

這是一本每日靈修，帶著飽飽的充電能量上路的幸福書，也是一本在生活中省思與鼓舞的勵志書，作者期望它能為微笑展卷的人「展開每一天的動力來源，並為明天的身心靈提供安頓的所在」；我們有幸在紙上讀書會分享，正如作者的自序所言：「透過鏡頭，收攝愛與美，屢屢觸動著我的柔軟心，傳遞著無止境的愛。天地有如此之大美而不言，讓我情不自禁，以愛返愛，期望以生動的作品，啟迪人心，不負天地。」

幸福，不在得到的多少，而在感受的有無，付出的誠摯與真心！祈祝開春這篇讀書會的分享，誠摯祝福每一位 2021年日日順心，時時喜樂，分分秒秒都有愛！

不老攝影家陳維滄
壯遊中定格天地大美、人性光輝

文／曹麗蕙（人間福報記者）
原載於《人間福報》/ 2022.04.05

　　他最高攀過5200公尺的聖母峰基地；70歲跳入零下5℃的南極海慶生；11次深入南北極，直言「雪窖冰天凍不倒我」；更在8旬高齡時不畏攝氏59.2度高溫的熱浪吞噬，前進衣索比亞火山口探險。他，是熱愛冒險的不老攝影家陳維滄，大半輩子上山下海，南征北討，用第三隻眼定格瞬間的天地大美，也捕捉溫暖的人性光輝。

　　85歲的陳維滄，攝影行旅長達30多年，每每壯遊都是扛著重裝備的相機器材，挑戰極地、高山、沙漠等艱惡險困之地，常常一天負重步行數小時，對體力、意志都是極大考驗，「除了『傻氣』、『運氣』之外，探險的『勇氣』也是旅行攝影的『基本配備』。」他作如是分享。

　　為何不選擇輕鬆的樂活旅行？這位睿智的老頑童笑答：「行萬里路，不一定破萬卷書，若無預先做功課，收穫不大。」

　　因此對他而言，旅行是一種學習、修行，絕非「上車睡覺，下車尿尿」的走馬看花。「不經一番寒徹骨，焉得梅花撲鼻香？」他形容，旅行攝影過程雖然辛苦，但絕對會令人回味無窮。例如：他依然記憶清晰，在一望無際的北極冰原，純白大地，晶瑩透亮，像面鏡子般，「在當下，我真正

▲希臘邁泰奧拉修道院興建在懸空的巨石峭壁上，1972年被列為世界文化遺產。

體悟老莊所講的『至人之用心若鏡』，以及偈頌中『心空及第歸』的
境界，就像是享受了一次心靈洗滌。」

　　他多次涉險，居高臨下拍攝新疆塔克拉瑪干和內蒙的巴丹吉林沙
漠，領略「沙漠瞬息萬變，昭示生命無常」；他攻頂天空之城--希臘
邁泰奧拉修道院時，深刻感受古代修士艱險建造、清苦修行的情操。

　　最讓人津津樂道的是，陳維滄鏡頭下不僅有絕美獨特的景致、
深刻的生命體悟，更流露濃濃的人文觀察與關懷，以及對全球生態、
台灣社會的反思。

　　在孟加拉「宰牲節」前夕，他望見列車上已是滿滿人潮，但火
車上民眾都不分彼此，伸手奮力拉窗外的人上車，只為幫助每個人完

成返鄉團聚的心願，他以慈悲心，攝影眼，定格這一幕幕「患難見真情」的光輝面。

從拍攝歡樂的希臘面具節中，他進一步反思台灣社會可以如何轉化悲情歷史，「歷經一次次的深度旅行，領略不同文化的真、善、美，那不但內化成為我人生閱歷的一部分，更讓我一再思考：他山之石，應該如何攻錯？」

他兩度探望中國大陸的痲瘋村，從患者視角出發，將他們的生活展現在世人眼前，他翻開回憶：「起先，我看到神父不怕感染，一一拉起痲瘋病患者的手說：『天主愛你』，然後分送紅包給每位患者，曾一度動容哽咽，無法按下快門；後來得知修女們是全年365天照護病患，為患者洗腳、清傷口，覺得她們展現的耐心、愛心，比神父更了不起！」

這些撼動人心的畫面與故事，都收錄於陳維滄新書《旅行中看見真善美：探索人文國度 走訪聖堂險地》中。這本由東海大學圖書館出版的攝影遊記，濃縮他30年壯遊精華，涵蓋探險、節慶、人文、夢幻、佛國、生態、公益之旅等主題，相當精彩。

值得一提的是，陳維滄不僅僅是旅遊家、攝影家、探險家，還是個慈善家，低調的他從不辦攝影展，卻願為公益出版新書，為回饋母校東海大學，這次將會把這本書銷售所得，提供優秀清寒生申請獎學金。

若疫情收斂，邊境解禁後，還會再度踏上壯遊之途？面對提問，陳維滄毫不猶豫回答：「當然會啊！」笑言自己是老驥伏櫪的他說：「有愛才能走遍天下，帶著愛去旅行，讓我看見真善美，也感受盈盈的幸福。」

回應來自心靈與自然召喚的行者

文／李偉文（牙醫師、作家、環保終生志工）

原載於《聯合報》、《元氣網》／副刊／2022.05.31

「歲數從來不是重要的事，身體軀殼會老去，但心和靈魂永遠不會。」陳維滄董事長雖然這麼說，但是他的外表怎麼看也不像84歲的人，聊天中，他不時從椅子上跳起來，半跑過偌大的辦公室，找出一份又一份的資料給我參考。

當我讚嘆他的靈活與敏捷時，他又跳起來，然後彎身前屈、雙手觸及腳趾，原來他從年輕至今仍保持每天一大早起床就花1個小時慢跑或游泳。2010年報名參加太空旅行，醫生做了詳細身體檢查後，認為他的體能或心肺功能都只有40多歲。

這些年「活躍老化」的議題很夯，但是他早在30多年前，也就是50歲那年就退休，成立基金會從事公益活動，雖然60歲才第一次登高山，但是隨後的壯遊冒險，讓人佩服。70歲之後開始遠征地球的極境，六訪北極，五探南極，七次到中極（西藏），酷熱的赤道與大漠，絲路行腳，深入南美洲雨林蠻荒，馳騁非洲大地……更令人佩服的是，每次的冒險，他一個人背著沉重的相機與腳架，為大家拍出絕美的相片。

大家都稱為他是極地攝影家，我卻覺得他更像是以大自然為道場的修行者。這些地方稱為極境，地球上最極端的環境，要嘛冷得無法想像，要嘛又乾又熱，不然就是高到無法呼吸，這對任何生物而言，都是非常惡劣艱困的環境。一般人若不是工作所需，為了興趣或炫耀去一次就夠了，可是為什麼他卻可以在7、80歲時，一次又一次冒著生命危險和肉體的困頓接受挑戰？我相信這些動力一定是來自生命裡一遍又一遍更深切的召喚。

這種熱情絕不是那種「我來、我見、我征服」的炫耀，而是當我們能夠一次又一次把自己逼迫到最極端的絕境下，才能彰顯出生命的

深刻與意義,甚至尋得精神與肉體上的重生與復甦。

「極地旅行的確辛苦,我利用旅程的艱辛與經歷,探索自己的內在,藉此不斷重生,而且極境的孤寂,就像是閉關,思考許多人生課題。」年輕時差一點出家,後來雖然在商場發光發熱,但是內心一直有著宗教情懷,因此陳維滄董事長自稱為行者,除了是旅行的人,更是個修行者,同時也表明,坐而言不如起而行,強調一切夢想都要實行才能成功。

「行走在大自然裡,常常會覺得人是如此渺小,但是生而為人,卻又是這麼可貴,我常問自己能為這片美好的大地做些什麼?」坐在川流文化教育基金會辦公室看著陳董事長出版的20多本書,每本書或每幅作品,都是他為了保護大自然所採取的行動。

翻閱今年初出版的《鶴采》攝影集,是他近20年來天涯追鶴的成果。鶴是吉祥,長壽的象徵,既靈性又高雅,多數的鶴是一夫一妻制,不管在漫天飛雪中起舞,或是冰天雪地裡對天鳴唱,深遠的意境令人感動,更啟迪人心。

新冠疫情期間,無法出國旅行,陳董事長還是很忙,行程從早排到晚,還要抽空檔整理作品。以前以為他是個傑出的攝影家,但是仔

細看著剛出版的《旅行中看見真善美》，才發現他的文筆也真好，這本書引領我們探索不同民族不同文化裡的真善美，也帶給我們更多的同情與理解。

「人在追求夢想的時候，就會忘了年紀，老後生活，就是把每天當做最後一天，用力過。」滿懷赤子般的好奇心，熱情洋溢地探索這個奧妙的世界，這位不老的探險家是退休長者最好的典範。

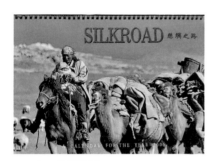

2000年，絲綢之路

2015年，亞得里亞海

2008年，野性非洲

2018年，凝視‧悸動

2013年，愛上北極熊

克羅埃西亞—美極而思

悠遊天地間的樂活老頑童

文／張志慧（月刊主編）
原載於《有你真好》/ 優活人生 / 2022.8-9月

感謝川流文化教育基金會陳維滄董事長，響應王建煊創辦人關懷失智/失能貧病孤老的心意，主動聯繫無子西瓜基金會，捐贈120本《鶴采》攝影集為募款贈品。這天，我們來到川流文化教育基金會，在充滿書香及藝術的辦公室裡，聆聽這位極地探險家的優活人生哲學。

生命壯遊豐收　勇敢圓夢行愛

陳董從高中就喜歡攝影，60歲開始，為了拍攝到世界各地壯遊，南極、北極、赤道、絲路、西藏、世界屋脊、火山口……背著攝影器材和裝備，從極冷到酷熱。每次旅遊前他都先研究當地的歷史與風土民情，旅遊時記錄自己的心得，寫下當次旅遊的收穫，著重心靈的洗滌。

雖然高齡86歲，陳董並不認為自己退休了，只是轉換了戰場；每天忙著學習、工作，幫助別人，日子過得才有意思。他認為退休後，最怕的就是自我封閉，希望透過不斷挑戰，知道自己還有什麼潛能，要繼續追尋生命的答案。

以父親為榜樣　成為最棒老爸

有人稱呼陳董是『不老探險家』，其實是從母親身上學到要勇於

追夢、全力以赴；他也從父親身上學到凡事包容和默默行善；父親願意放棄牙醫學歷，到日本工作，陪伴並供應母親求學。陳董也像父親一樣，懷抱敬天愛人的理念，長期贊助教育、環保及弱勢族群；對待3個子女像朋友般，往來的家書裡，都是他與子女討論身、心、靈平衡、閱讀、音樂、旅遊、看電影等精神成長。

分享不老秘笈　活出喝采人生

過去為了捕捉鏡頭，常常一站就是好幾個小時，甚至一整天，所以陳董很看重自己的身心靈健康；至今每天游泳、運動，注重營養均衡；抱持正念，凡事包容，看淡生死；大量閱讀來增加智慧，獲得自由；多反省自己，多幫助別人，發揮「老吾老，以及人之老；幼吾幼，以及人之幼」的精神，熱心捐助需要的人。

始終關懷生態的陳董喜歡鶴鳥的高貴情操，牠們忠於一夫一妻制；候鳥數萬公里遷徙中經歷嚴峻天候及耐力的考驗，以及飛行中井然有序的紀律，都值得人類省思與學習。因此，他希望和大家分享這本《鶴采》攝影集，一同欣賞大自然的真善美，也為自己的優活人生喝采！

編按：

張志慧為無子西瓜基金會《有你真好》雙月刊主編，陳董在今年偶見報章報導前監察院王建煊院長夫妻倆將所有財產投入公益的愛心，深受感動，因而主動聯繫，表達願意實質支持，無子西瓜基金會執行長姚先生，特地帶團隊到川流文化教育基金會拜訪，雙方為公益獻愛的理念相同，相談甚歡。陳董多年辦雜誌、出版書籍的豐富經驗，力勸《有你真好》單張月刊宜改為雙月刊，以更豐富的單元，更有效益的宣傳作為改版，對方欣然接受，促成了2022年9月雙月刊的創刊號誕生，頗受好評！其中，張主編親自到訪，以活潑筆調速寫陳董優活人生，也是美事一樁！

教育藝術家
陳維滄與兒童哲學

文／楊茂秀（毛毛蟲兒童哲學基金會創辦人）
原載於《毛毛蟲兒童哲學基金會會刊》/ 2022.10

桌面有幾本我心目中，著名的攝影教育藝術家，陳維滄先生的作品：《鶴采》、《寰羽》、《旅行中看見真善美》、《雪泥鴻爪》，還有一本記錄杜維明VS池田大作對談的書：《對談的文明--談和平的希望哲學》。這個活動是聯合國科文教組織主導的計畫。如果我的瞭解沒錯的話，杜維明教授與陳維滄，這位我心目中著名攝影教育藝術家，是東海大學第三屆的同學，他們彼此應該是認識的，而他們都深受當時東海大學，除了基督教思維的薰陶，影響他們的還有先後任教於東大的徐復觀、牟宗三、唐君毅等新儒家哲學巨擘，而新儒家尊崇王陽明身心體的教育思維。可惜，華語文世界的教育，不管是理論上或實作上，從民國以來，主流意識，在思考上都習慣於竹節式一問一答的線性思考的風格。

毛毛蟲基金會自成立以來，就與美國蒙特克萊大學，（IAPC）（兒童哲學研究發展中心）發展出來的兒童哲學合作，強調，教育是一種藝術，這種藝術提供了防止竹節式一問一答的線性思考，同時以思考故事作為教育工具箱中主要的方法（包括工具及工具使用的各種技巧與信念--不要阻礙了探索的道路）。

今年春天，我們在台東大學兒文所碩士班工作坊與台北師培班的工作坊，由所長王友輝教授導演主持，我們演過以IAPC教材中，靈靈故事師法柏拉圖代表的古希臘哲學所編寫成的劇本，而那時，我相

信：沒有戲劇就沒有哲學，除了這個信念之外，我正在看好友陳慧珊贈送的：《旅行中看見真善美》，書的封面是陳維滄手持攝影機站在沙漠上，而封底與書背是駱駝等動物，也在沙漠上行走。

這部書的攝影與文字，都出自陳維滄先生的手--應該不只是手，而是整個人，包括身、心、靈。他的文字，充滿敘事的智慧，是散文詩的上品。

我覺得，這部書，應該是講究教學藝術的人--也就是每一位參與生、養、育孩童的人，不只應該看，研讀，而且要學陳維滄先生，常常去旅行，單獨也可以，全家更好，並且學會隨手記錄的習慣，回到家，在整理中反思，一樣師法陳維滄。我相信，沒有記錄，不做整理，不反思的旅行，除了獲得浪漫的愉悅之外，只有「可惜」二字能形容了。

我們經荒野保護協會李偉文醫師的引介並慨允，在「走進兒童日報回顧--探尋兒童文化力」展覽期間的「生態倫理與兒童文化」對談中，與大眾分享陳維滄先生作品中的教學影像豐盛地藝術與貫串其中的教育哲學。

從 SARS 談危機管理
「變」是不變的真理

文／陳建明（《人間福報》專題主編，雜誌主編）
原載於《谷威人》/ 2003冬季

「無常變化」是大自然不變的定則，天地、自然、人際間的驟變，並不足畏，推諉塞責，一意孤行，才是挫敗的根源。平日居安思危，防微杜漸，力求化解災難於無形。即便遭逢危機，倘能虛懷若谷，檢討改進，定能順利度過驚濤駭浪。

「天有不測風雲，人有旦夕禍福。」這句話人人耳熟能詳、琅琅上口，但是真正能將之銘記在心、居安思危者，寥寥無幾。SARS疫情肆虐台灣，所引發的動蕩、不安，正好凸顯整個社會危機管理的應變能力尚待改善、加強。為此，「行政院衛生署疾病管制局」（以下簡稱「疾管局」）於六月份內部進修講座中，特別邀請「川流文化教育基金會」董事長陳維滄，專題主講「從SARS談危機管理」。

「疾管局」研究助理高美娟表示，因應疫情升高，該局曾擬定若干措施。為瞭解各界在相關方案推展後的反應、建言，所以力邀陳維滄董事長演講，從中小企業的角度，闡述民間團體如何迎戰突發危機，度過難關。高美娟強調，希望藉由此次演講，促使「疾管局」廣納雅言，作為日後施政參考。

演講一開始，陳董即明白指出，危機管理的定位很廣，舉凡商

學、工程、政治、醫療、環境、人力資源都有不同的切入點。先進國家諸如美國、歐洲、日本，在其高等教育體制內，十分重視危機管理的研究。

他進一步闡述，危機管理牽涉的層面相當廣泛，個人、企業、政府……甚至地球村，都可能受到波及。然而，許多危機透過事先周詳規畫，往往能防微杜漸，化解於無形。舉例來說，只要不種下亂採砂石、種植檳榔樹等破壞水土保持的因，自然不會產生土石流的果。此外，有些危機肇端於人為疏失，例如有些人不經過審慎評估，貿然將平生積蓄投入投機性等不恰當的理財標的，導致血本無歸，傾家蕩產。

在演講中，陳董並邀請輔仁大學教授杜金換修女現身說法，談到她在遭受居家隔離時，體認到心中有愛就能克服困境，化危機為轉機。公共電視台「和平風暴」節目製作人馮賢賢，則經由鏡頭的捕捉，報導台北市政府在處理和平醫院封院過程的混亂及缺失。

杜、馮兩人的經驗分享之後，陳董事長繼而提出業界的應變措施。三月七日媒體初步揭開SARS疫情，鴻海科技於3天後隨即頒佈整套「實施嚴格隔離應變措施」SOP。三月中旬，疫情尚未擴散，台南奇美醫院迅速在院內成立發燒隔離區。反觀政府行政單位，遲至44天後將和平醫院封院，51天以後，陳水扁總統才在國安會上要求儘快建立SOP。相對於政府的缺乏危機管理能力，民間企業顯得明快、果決。

就一般常識而言，在面臨重大危機時，必須採取：辨識危機、防範危機發生、擬定應變計劃、仿真演練、危機發生期間處置及回復、監控評估與進行調整等六大應變步驟，即時處理。國內一些大型企業如宏碁、保誠人壽、聯電、英特爾等，平常即推動「企業維續計劃」（BCP--Business Continuity Plan），在危機發生之前，預先做好防禦措施，才能於意外發生時，將傷害、損失降到最低程度，乃至完全解除。上述種種，實在值得政府當局借鑑學習。

陳董感慨地指出，每次颱風過境前，政府都會組成「防颱中心」24小時待命。可是這次SARS疫情發生，卻未見類似組織發揮作用。

臨時編組的「抗疫作戰中心」，層級不高。倘若政府能向民間取經，廣邀企業領袖、企管顧問、宗教領袖、心理學家、危機管理專家、媒體負責人共同研擬對策，統合他們的專長，發揮加乘效用，相信對於SARS危機管理的成效，將不可同日而語。美國疾管局派來協助抗疫的人員就一再強調：台灣不缺醫學專家，缺的是組織與動員的能力。

當時如果邀請國內各大宗教領袖在報章雜誌發表安定人心的談話，或於電視媒體大聲呼籲，對社會安定必有極大的助益。遺憾的是朝野流於政爭、口水，模糊焦點，錯失決策時機。

最後，陳董引用《易經》：「滿招損，謙受益」提醒大家，無論是個人、企業或是政府，都要體察到「變易」是不變的通則，唯有反躬自省、虛懷若谷，不斷地檢討改進，才能安然度過生活中的每一次驚濤駭浪。否則一意孤行，推諉塞責，終將淹沒在紛至沓來的危險浪潮，慘遭席捲、淘汰。

在兩個小時的演講中，場面熱絡，生動活潑，不時穿插台上、台下的互動交流，使得在場的疾管局官員積極吸取危機管理的知識。就演講技巧來說，陳董的丰采著實讓大家印象深刻。

從演講中所陳述的危機管理的要訣，領略到作為領導者所必備的「冷靜思考」；而尤為難能可貴的是，陳維滄董事長跟隨天主教神父到大陸拍攝痲瘋病人的經驗分享，更讓人感受到他那顆「溫暖的心」，無遠弗屆，劍及履及，非常溫馨。

編按：

2003年台灣面臨SARS事件的重大衝擊，集體經歷了一場狂風暴雨。陳董雖為一介商人，卻勇於承擔社會責任，他獨家贊助「公共電視台」製作「和平風暴」紀錄片，以客觀的角度，呈現和平醫院50位當事人如何面對和應戰疫情的第一手調查採訪，現在看來，更是彌足珍貴的一份史料。他也應「疾管局」邀請，出席演講，提供公衛施政建言，以善盡好國民的責任。

| Part-3 |

精彩講座 超前部署

　　在輯二中，我們收錄了各大平面媒體對陳維滄董事長的專訪，除了這些文字報導，電視台和廣播電台的邀訪也是珍貴的影音紀錄；此外，扶輪社、基金會、校園也不時致電或發函邀他演講或對談。對於這些盛情的邀請，反對「好為人師」的陳董很少輕易答應，至少推掉了50場以上的邀約，至於他少數答應的場次，也有與眾不同且出人意表的「超前部署」，值得在此分享！

　　以本輯收錄的國立成功大學校園演講為例吧！事先，他發給承辦人一份問卷，調查出席講座的學生是哪些科系？最尊敬的人物？最受用的一本書？……等等，以便深入了解聽眾屬性，然後量體裁衣或因地制宜，準備和學子最感興趣的相關內容，讓台上台下可以快速互動，彼此分享。他很欣賞以色列的教育方法──孩子放學回到家，大人問的並不是「學校教了些什麼？」而是問孩子：「今天你問了老師什麼？」這印證了「提問、思辨、辯論」是最有效的學習。

　　好的演講要留4分之1的時間給人發問，他會根據調查表上所寫的：「就讀科系」、「最尊敬的人」，「最受用的一本書」，以及「想問作者什麼問題？」先請各科系的學子就所學的領域拋出問題，再順勢於回答中帶出自己的見聞與見解；因此，他的演講與聽眾互動熱絡，絕無冷場，本輯所收錄的《精英十三堂課》就是他多元多面向的講座；他在國立聯合大學演講，甚至還請了川流歌手作現場演出助陣，多樣多貌的精彩呈現，讓師生印象深刻，津津樂道。

　　近期，陳董應「國立台灣圖書館」、「毛毛蟲兒童哲學基金會」邀請，為「走進兒童日報回顧，探尋兒童文化力」展覽講座主講。他本來婉謝，但「毛毛蟲兒童哲學基金會」創辦人董事長楊茂秀教授鍥

而不捨，找了「荒野保護協會」榮譽理事長李偉文聯袂到「川流文化教育基金會」辦公室拜訪。所謂「精誠所至，金石為開」，盛情難卻下，陳董於「生態倫理與兒童文化」講座，以《也無風雨也無晴》講題，分享獨特的人生經驗和見解，好友李偉文也共襄盛舉。

楊茂秀這位「伯樂」，期待未來藉由陳董的照片，讓兒童和環境有更親切、緊密的連結，學習珍惜地球環境，愛護地球生物，不會因為3C產品，離真實環境越來越遠。

另一場輕鬆愉快、最沒壓力的訪談則是陳董事長與作家王文華在人文空間的對話。此外，FM99.7愛樂電台節目主持人高劭宜訪談稿，我們也一併收錄。可惜，回顧當年訪談陳董的節目如：公視的柯金源、BRAVO的韓良憶、中廣流行網的范可欽……等，並未留存影視或聲音檔，難免有些遺珠之憾。

極地壯遊 築夢圓夢

時間：2012年6月22日
地點：深圳中心書城
主講人：陳維滄（川流文化教育基金會董事長）

陳董在「深圳中心書城」的講座，
要先購書才能入場聽講。同場地，先
前的講師有龍應台（作家）和魏德聖
（《海角七號》導演）等名人光環，加
上演講時段適逢端午節休假期間，原本
擔心門可羅雀，沒有聽眾；沒想到出乎
意料之外，讀者、粉絲紛紛湧入，Q&A
的時間更是台上台下打成一片，讀者、

聽眾舉手發言熱烈，全場笑聲、掌聲連連。從聽眾喜悅的眼神，可看
出這是一場深刻且令人難忘的演講。主辦單位為表禮遇，除了事先全
額提供住宿餐費之外，事後還加送一張來回機票。

以下收錄了這一場演講的部分精彩內容：

深度旅遊答客問

Q：拍攝北極熊出來的片刻，除了興奮，感動之餘當時是否有「害
　怕」的感覺存在呢？
A：只要有些「探險」的行程，自然會有「風險」。人非草木，怎
　麼可能不「恐懼」，不害怕？人們為什麼喜歡，令人怵目驚心，
　緊張的偵探電影，甚至恐怖片、鬼片……？我們拍北極熊都保持
　100米的安全距離，當母熊出洞，走近我們約20米的近距時，領
　隊交代我們，「別動！盯住牠」。事後，大家一致的感受是「心
　跳加快」，以驚心動魄，還不足以形容當時的「害怕」，不過苦

盡甘來，拍攝到珍貴的畫面，就值回票價了。

Q：看了您的書，和聽了您的講座之後，讓我受益匪淺。我本身就是一個旅遊愛好者。聽了講座之後對旅遊新的認識「Hard work」與「Re-birth」每一次旅遊都要經歷身體上的試煉，還有精神上的洗禮。就像您說的「No pain, no gain」我想請教，您作為一個資深的旅遊愛好者，去了南極北極，西藏，喜馬拉雅山，去這些地方都要身體跟精神上的雙重付出。在那種冒著生命危險的情況下，是什麼力量在支持您和推動您繼續堅持下去？ 為了自己的心中的聖地，不放棄的呢？

A：一個人如果沒有生涯規劃，努力的目標，很容易喪失生命的原動力。我喜歡築夢，因為有了目標，生命才有方向，不過夢想需要運用信心、耐心與恆心，付諸行動，才能圓夢，可以築夢踏實。「活到老，學到老」，難道你不認為，「學然後知不足」嗎？Work Hard對生命的態度才會得到啟發，甚至脫胎換骨，改變一個人的一生。

Q：探險極境後有讓自己重生的感覺，應該是心靈上的一份收穫，我想知道決定出這本書的初衷？

A：為什麼想出書？年輕時，我算是文藝少年，喜歡文學，夢想當作家，但是生性內向、害臊，不敢用真名，常用川流的筆名，在報紙、刊物投稿，大半被退稿，偶爾被刊登時，會高興好久好久。我初中時的摯友徐瑞萬，四十年後才發現「川流」原來是「陳維滄」，還怪我，故弄玄虛，我是很懂得藏拙的人，我不喜歡站在舞台上，寧可在台下當觀（聽）眾，是因為弟弟陳維信（Jonathan）鼓勵，才出書的。華人到極地，很多是受這本書的啟發，我在某些特定的族群，略有名氣。你看《夢想南極》第26頁，旅行社優惠我，讓我升等，住靠窗的單人房（可說半價優待）。人在江湖，有時會身不由己。不過要知道，人怕出名，豬怕肥（政客、名星、歌星、宗教家靠寫作謀生的作家…例外）。

Q：你到過南北兩極，兩極給你最大的感受一樣嗎？兩極的動物與人類的關係一樣嗎？

A：到南北極有共同的感觸是？

　　・最原始的荒原，那種純淨絕美，會讓人流連忘返。

　　・聽過「一白遮九醜」嗎？閉目養神時，只見藍天白雲，白茫茫一片荒野，加上北極熊和企鵝的天然組合絕美，壯闊景觀，這裡才是真正的香格里拉。不妨參閱我書上對南北極感觸的總結。至於你提到南北極動物與人類的關係，這個題目太大了，南北極的動物不一樣，北極有的哺乳動物像北極熊，南極就沒有，企鵝是蛋生的，你們上網查閱吧！

Q：成立川流文化教育基金會為了是幫助有困難的朋友，這麼喜歡拍攝感動的瞬間，是否有想過以後會出一本偏遠山區，較為溫暖的畫面，不再有探險的緊張、興奮，有的是更多的溫暖呢？

A：完全同意！事實上，過去20多年，有不少感人的溫暖畫面，《谷威人》也曾報導過，例如：Jonathan陪TBC的總裁Gary到萬全縣，參加谷威第二小學的破土典禮，谷威人第八期Lilian報導＜香香愛心上貴州＞，我們用一大卡車的物質，送給窮鄉僻壤的小孩。陳平玫副總也有一篇精彩的報導，我們如何幫助一位不良於行的

▲ 在深圳中心書城的講座，聽者要看過書才可進場，因此台上台下互動熱絡，問答熱烈，陳維滄董事長認為這是最輕鬆愉快的一場講座。

小學生，開二次大刀，長期服藥，如今她已亭亭玉立，在專科學校當大學生了。一個月前，從北京來一位訪客Amy，我們資助的小女生，她到台北開會，特地撥時間到川流文化教育基金會，探望陳爺爺。

Q：書上有提親眼目睹印度教火葬屍體的整個過程，是否也贊同這種舉動呢，我覺得太殘酷？

A：不管是火葬、水葬或西藏盛行的天葬，是最符合環保的要求，台灣有的人還捐出遺體，供醫學院學生解剖實習，有的捐器官…，怎麼會認為是殘酷呢？你應該多看一些談論生死方面的書，或介紹佛教的書，公司有《安祥集》可以向陳副總索取。

Q：退休後，是什麼原因促使您第一次去南北極之後又多次踏足，一再造訪？

A：如果你多翻閱，用心讀我的《那些極境教我的事》，就會找到你想知道的答案，我出書之後，收到100封以上的心得分享，有的人還把它當案頭書閱讀。

Q：您到了這個年齡，怎麼還有勇氣挑戰生命的極限，去南極跳水？當您往下跳的那一瞬間有何感想？

A：我想跳水，但一直猶豫不決，書上我有交代很清楚，後來是不假思索，臨時起意的，如果當時理性思考，根本不敢冒進的，跳下的那一瞬間感受？奇冷啊！那還用說嗎？

Q：您書中提到一位與你有一面之緣的日本朋友因拍攝取景丟掉性命，當您得知此消息時，面對生命的隕落，對你繼續後面的旅行計畫或安排有影響嗎？或者說動搖過您繼續前行旅遊的步伐嗎？

A：南宋慧開法師創作的偈詩：「春有百花秋有月，夏有涼風冬有雪，若無閒事掛心頭，便是人間好時節。」天災人禍，人人畏懼，有人說天最可怕，有人說鬼好可怕，其實地上的比天可怕，

人比鬼，更可怕。誰不怕死？但人人難免一死啊！想開了，看開了，你閱歷愈深，當你智慧增長，你就比較會看淡生死。請你翻閱我的極境書，介紹北極時，有一標題＜探險旅行，我的超越與重生＞，提到我的母親如何看淡生死，她是我學習的榜樣。

Q：對於今年是很特別的年度，外面很熱門的世界末日話題，在您去到這些極地後是否有感受到溫室效應的狀況，生態是否有受到影響？

A：溫室效應，二氧化碳等議題，有太多現成的資料，上網可以參考。從工業革命以來，全球平均溫度升高0.74℃，尤其是北極熊的生存空間，愈來愈小，生態自然受到影響。

勸你少吃肉，這是環保的基本主張，新聞報導一家瑞典漢堡連鎖店「馬克斯」的速食店，兒童餐的盒子清楚標示，牛肉漢堡的排碳量，比蔬菜堡高五倍。如果你略為研究人體的構造，你會明白，人不屬於肉食動物的，草食動物（牛、羊）及人類胃容量較小，但腸道都很長，適合慢慢消化吸收，而肉食動物（獅、虎）的胃，容量較大，腸道較短，可以快速消化吸收進來的肉類。人類多吃肉食，除了身體無法適應，加上肉類纖維少，消化剩餘殘渣在腸內過久，會產生毒素，增加肝腎的負擔。就環保或養生來說，素食還是最簡便可行的。

Q：您是怎麼樣克服高原反應的？

A：你想前往西藏？何不上網看看，我的對策是：
- 二個月前服用紅景天；
- 先到成都休息1~2天，隨身帶「威爾鋼」藥片；
- 到拉薩或超4,000米的城市時，不可洗澡。少活動，動作要慢…慢…，說話不疾不徐。

Q：很羨慕您這樣驚天動地的人生路途，現在網路如此發達，人們已經開始淡忘那種親身經歷的實實在在的東西了。人們只是在網路

這個虛擬世界裡體會著所謂的身臨其境！書中說您70歲在南極跳入-5℃海水中，慶祝人生開始。我想問一下當時是在什麼樣的情況下使您感歎到人生才剛剛開始？是南極的美景還是心中的感慨或是旅途中經歷的事情…

A：說「人生七十才開始」，是自我安慰的，寫文章，總難免誇大其辭，孔子說：「吾十有五而志於學；三十而立；四十而不惑；五十而知天命；六十而耳順；七十而從心所欲，不踰矩。」推測你們應該介於「而立」和「不惑」的階段，我想你們到「天命」的年齡，就知道究竟「為誰辛苦？為誰忙？」了。

Q：我也曾經從事兩年多旅遊行業，做過領隊帶過團，可是與您相比只能說是大眾的觀光客，談不上您所謂的「深度」。您覺得深度旅遊與觀光旅遊給您最大不同的感悟是什麼？

A：很顯然，你並沒很用心聽我對旅遊真正的意涵解讀，我不是更具體地以「旅遊進化論」擴大解釋「Hard work」與「Re-birth」，才符合Travel嗎？從觀光旅遊到登山到各種不同深度的旅遊，步步高升……。只要你安排的旅遊，符合上述的條件，就不虛此行了！

Q：深知董事長走遍地球村的大部分地方。讓我疑惑的是，您為什麼不留戀風景秀麗滿園出色的旅遊景點，而選擇那些荒涼人煙稀少、險象環生、冰冷極境。請問因為何故？您的太太、家人有操心顧慮您的安危嗎？

A：這個問題和上面的提問，有類似的地方，我當然踏遍不少風景秀麗的世界景點，探訪古文明的埃及和希臘，還有名勝古蹟，以及美麗的海灘……。為了提升旅遊的內涵，想到旅遊進化論，想到不入虎穴，焉得虎子，還有我在總結所提到的：

No Pain. No Gain.

痛苦是達到更大快樂的一個必要手段和過程。（尼采）

痛苦是快樂的母親，生命的奇葩都是從痛苦中產生的。（中國教育家羅家倫）

舉凡偉大的作品，都是苦悶的象徵。（日本藝術評論家廚川白村）
不知道是我口齒不清，發音不準，不善於表達，讓你有這種困
惑。

家人當然擔心啊！我也知道不能為了兌現自己的夢想，而一意孤
行，我是經過一番天人交戰，三番兩次，和家人溝通，兒女都長
大成人，可以獨立謀生，盤算一下，萬一我有三長二短，讓家人
有足夠的安養金。我是六十歲才開始參加深度旅遊的，可以參閱
極境書，Part one，我同時答應內人，我願意每年兩次陪她到任何
她想去的地方。

Q：您說您8月份準備第7次進西藏，並且您對佛學有相當深的研究。
這兩年，有一套關於西藏的類似神話的傳說的小說《藏地密碼》
提到的「傳說中的香巴拉」，以及西藏的宗教信仰。您覺得西藏
的"香巴拉"是否存在？西藏的宗教信仰是什麼？

A：傳說中「香把拉」，沒人知道存在與否，英國一位小說家，詹姆
斯‧希爾頓（James Hilton），不是出版一本著名小說《消失的地
平線》Lost Horizon？人人猜測，書中描述的香格里拉在哪裡？我
並不認同，那是作者虛擬的夢想國度，我個人認為天堂與地獄，
一線之隔，就在你心中啊！至於問我西藏的宗教信仰，這不是三
言兩語可以回答的，想了解藏傳佛教，可以閱讀前五明佛學院院
長慈誠羅珠堪布著作的《佛教－迷信or智信？！》，你有高度的
意願，想探究，如果買不到書，我可以送你，但務必耐心讀完，
並撰寫500字的心得報告。

Q：您去過很多地方，珠穆朗瑪峰，南極，北極，西藏，沙漠……，
都帶給您不同的閱歷，感受，以及不同特殊經歷，我想問您，您
最喜歡的或是感觸最深的是哪個地方？最難忘的是哪件事？

A：這個題目太難回答，因為有太多太多讓人終生難忘的經歷，其實
你認真看《那些極境教我的事》，你就略知一、二，當然還有太
多地方，我不知從何道起，留待下回分解吧！

Q：另一個問題是關於您書面上提到的「人生三階段」的這個概念。很羨慕您已達到了人生第三個階段，現在的我不能體會這是種什麼境界，什麼感覺！我想請問如我們平常的人，還處在第一階段的人，在為生計擔憂的人怎麼才能達到人生第二階段和第三階段呢？這個與人的財富有直接關係嗎？

A：你提到「人生三階段」，問得好！這是有深度的問題，表示你有「哲學」的「基因」。禪宗說：「小疑小悟、大疑大悟、不疑不悟」，認識指導行為，你會省思你的生涯規劃，表示你是有思想，有智慧的青年。首先我要據實以告，蔡志忠大師的推薦與抬舉，說我跨入第三階段，那是他對我的鼓勵，我心知肚明，我何德何能，我怎麼知道，那是什麼樣的境界？就我追尋真理多年的認知，就我數十年來尋師拜師，學禪學佛的認知，那是開悟的境界，可以捨身，捨法，完全放下，真正看淡生死，得到完全的自由，耶穌說：「你們必曉真理，真理必叫你們得以自由」，我目前還在努力追尋之中。人生的三個階段和財務當然有關，你沒錢，怎麼糊口，如何養家？問題是你對財富有正確的觀念，市面上應該可以看到佛教如何看待財富的書。

陳董的演講反應熱烈，欲罷不能，整整兩小時的時間過去後，仍給人意猶未盡的感覺。讀者、聽眾們依依不捨外，都希望後會有期，請陳董再次擇時分享生命體驗。

中央人民廣播電台人員知道了這訊息後，隔天馬上訪問陳董，主持人原先說好30分鐘的節目，不知不覺的延到52分鐘，才及時剎車，可惜當時時間匆促，節目內容並未收錄。

成大演講實錄：
旅行中遇見真·善·美
《精英的十三堂課》之 ⑫

主講人：陳維滄（川流文化教育基金會董事長）
文／謝登元

　　川流文化教育基金會陳維滄董事長應國立成功大學黃肇瑞校長之邀，為通識課程的同學舉行講座，陳董事長事先發出問卷調查給每位聽講者，除了姓名及系別、年級之外，還寫出最喜歡（最受用）的兩本書，以及生平最尊敬的人，在詳細了解聽講者的背景下，與同學們有很好的互動，使大家收穫滿滿。

　　尊敬的黃校長、各位同學，大家好。稱呼為黃校長，是因為黃教授曾任高雄大學校長，攝影圈的朋友都稱呼他黃校長。

　　我的演講通常都以分享過去多年來行遍天下的所見所聞，對我來說這是最簡單的方式。我喜歡和學生互動。例如有一次，以「飛鴻雪泥」為講題，這是引用一位著名詩人的摘句。想請問在場哪一位同學可以回答「飛鴻雪泥」是摘錄自哪一位詩人的詩句？讀中文系的不可以答，其他系答對了有獎品。（有一位學生舉手）

「你是哪個系？」

「歷史系。」

「什麼名字？」

「朱博琛。」

「蘇東坡。」

「蘇東坡，答對了！給歷史系的朱博琛同學鼓掌！這張海報給他當獎品。」

馬克吐溫、玄奘、蘇東

▲ 主講人陳維滄（左）贈送著作《看見真實的北極》給主持人黃肇瑞校長，歡喜合影。

坡都是旅遊達人，他們不只是去旅遊，還把旅遊的經過寫成書。還有一位旅遊達人徐霞客寫了《徐霞客遊記》，非常精彩，他的故事都是啟發大家生涯規劃的最好題材。徐霞客13歲應試未上，16歲父親過世，22歲開始行遍天下，他是一個地理學家、文學家。今天如果聽眾都是中文系的學生，我會向大家介紹他的人生壯遊，但是在場各個科系都有，這下讓我有點慌了，我不曉得從哪裡講起，因為每張照片都可以有不同解讀，對理工的學生有別的切入方法。

　　有看過朱光潛的《談美》嗎？他說同一棵樹給三種不同職業的人去看，就會呈現三個不同的解讀，同樣的今天針對不同院系的學生來開「關於生涯規劃」的課程，我一直思考，最後決定以「旅行中遇見真·善·美」，跟大家分享。

旅遊進化論 體驗多更多

　　按拉丁文的解讀，旅行「Travel」這個單字具有「Hard work」與「Re-birth」雙重意義，「Hard work」是事先做功課，有一個完整的旅程規劃，並事先做功課，「Re-birth」則是旅遊中或回來之後，透過一段前所未有的體悟，得到全新的啟發。

　　一般人旅行大半沒有事先做好功課，上車睡覺下車尿尿、去買東西，很少人用心的聽導遊講解。如果你今天做足功課，並且很認真聽講，回來之後還能重溫舊夢，對旅遊才會真正學到一點東西。

　　旅遊有不同的層次，從一般觀光旅遊到深度旅遊。最近幾年臺灣才比較流行深度旅遊，比如說到某個博物館、某個定點的深度旅遊。另外我還要跟大家分享三種旅遊型態：生態旅遊、公益、壯遊。

　　如何欣賞一張好的照片呢？英文「Photography」按照希臘文解釋，φως--phos（光）γραφις--graphis（寫作或繪畫）。γραφη graphê兩字合併意指「以光線繪圖」，可以寫作、講故事，還可以當做繪畫題材。好的照片一定有光和影，譬如拍照，旭日東升或是夕陽西下才有漂亮的色溫；你們欣賞照片或看攝影展，可以用這些條件去判斷作品的良莠。

講到我們主題--真善美，我用提綱挈領、概略式的方法跟大家分享。什麼是真？什麼是善？什麼是美？我們一般都看外表的美，忽略真實的美是內在的。希臘幾千年來，出現3位影響世人最大的「聖者」，蘇格拉底、柏拉圖、亞里斯多德。其中最特別的是，柏拉圖在幾千年前主張的「理想國」，他說20歲以前只要學習音樂跟體育就好了，這是非常奇特的論點。蘇格拉底追求真善美，問卷有兩位同學特別喜歡蘇格拉底，我想請外文系的郁晉維同學分享蘇格拉底的哪個故事讓你感動？

郁晉維同學：「有一個讓我印象很深刻的故事。那本書的主角叫丹，蘇格拉底是他的老師。丹問蘇格拉底說：『如果我沒有辦法控制自己的情緒的話，我要怎麼改變自己的習慣？』蘇格拉底就說：『不用控制自己的情緒，因為情緒就跟氣象一樣，氣象是變化萬千的，情緒也是，我們有時候會感覺恐懼、害怕、喜悅或是憤怒。』所以，我們不一定要克制自己的情緒，重點是當情緒過後，我們要怎麼放下，然後找到解決問題的辦法。」

謝謝你的分享，這涉及情緒管理。再講一個故事，說他被太太潑水的故事。蘇格拉底喜歡跟別人分享他的生命故事，他老婆很氣他天天在外面高談闊論，有一天蘇格拉底要出門，她就拿一盆水，當眾潑到他頭上，蘇格拉底一笑置之，從容地說：「雷聲之後必有大雨。」高度展現他的包容心和幽默感。

亞里斯多德講過兩句名言，對我都很受用，他說：「吾愛吾師，吾更愛真理。」另外一句話是說：「大自然每一個領域都是美妙絕倫的。」如果你看過我拍的照片，就會真正從大自然欣賞到所謂的「真、善、美」。

身心靈平衡　才是真健康

楊定一教授的《真原醫》，是過去兩三年來的暢銷書，講的是21世紀最完整的預防醫學，我們講真、善、美，這本書則說「慈悲是宇宙最大的療癒的力量」。因為有這個慈悲心，你會忘了自己，「助人

為快樂之本」，因為常常這樣思考，身體會產生很多的免疫力。我今天所說的如果涉及佛學或哲學，都是蜻蜓點水，有問題的話，大家待會都可以發問。《黃帝內經》說：「百病從心生。」世界衛生組織，去年公布21世紀最大的威脅之一，就是負面思考，嫉妒、懷疑、抱怨，這些對身體都不好。

講到真善美，佛教言簡意賅：「無緣大慈，同體大悲。」《聖經》上也提到「愛的真諦」：「愛是恆久忍耐，又有恩慈；愛是不嫉妒；愛是不自誇不張狂，不做害羞的事，不求自己的益處，不輕易發怒，不計算人家的惡，不喜歡不義，只喜歡真理；凡事包容，凡事相信，凡事盼望，凡事忍耐，愛是永不止息。」每個項目，你們能做到60分，就會非常快樂，也不容易生病。

土木系有一位廖苾婷同學，她說「卡內基」對她很受用，我很想知道，妳看了這本書之後對妳的人際關係有沒有改善？

廖苾婷同學：「我覺得沒有改善很多，因為就算知道這些道理，但是實際上去執行是有落差的。因為實行之後，看到自己哪裡做不好後，再慢慢去改善，才有辦法達到書中想要教我們的技巧。我覺得我比較想知道的是，我知道這個技巧之後，我和別人相處的技巧有沒有改善、進步？」

謝謝。王陽明先生說：「知行合一」，知道多少就做多少，如果你知道，光說不練，是沒有幫助的，一定要付諸行動。助人的時候，我們容易感受到被需要的成就感。助人，體內會自然分泌讓人快樂的安多酚，這種能讓人提升免疫力的化學物質，不但能良性循環促進個人的身心健康，還會越做越起勁。這個題目，應該請學醫的江文同學分享，他填寫調查表最用心，寫得最具體。

江文同學：「安多酚就是大家熟悉的腦內啡，運動一段時間之後會分泌出來，它可以舒緩痛苦、增加快樂的感覺。的確，助人的時候也會分泌安多酚。最近，我們系上正在學習普通心理學，所以，我想從兩個角度來解釋助人這件事情。首先是生理方面，在生理方面會有安多酚的分泌；另一個心理方面，透過助人，我們不僅可以得到快樂跟滿足的感覺，也可以得到成就感，還有可能提高自己的自尊心。另

外，心理學也提到利他行為，從另外一個角度來解釋助人這件事情，大家如果有興趣可以去看看。」

要言不繁，言簡意賅，講得非常好，我們給他熱烈的掌聲。

在座有18位同學喜歡創業，很多同學認為張忠謀是他們心目中的偶像，很好。張忠謀跟某些大企業家不一樣，他正派經營，腳踏實地，喜歡看書，每個月最少看5本書。

大量閱讀 實現夢想

要實現夢想，一定要大量地閱讀，我們講真、善、美，什麼是真理？你一定要大量地閱讀才會知道。比爾蓋茲說：「孩提時代我有許多夢想，我想這與我有幸大量閱讀有關。」莎士比亞說：「生活中沒有書籍就好像沒有陽光；智慧裡沒有書籍就好像鳥兒沒有翅膀。」事實上，越愛閱讀的國家越安定，閱讀量大的國家，大部分都是北歐的國家，中國大陸排39名，臺灣很不幸，在2012年的調查數據顯示，國

▲ 學生聚精會神地聽陳維滄先生精彩的極地探險演講。

民一年平均讀書還不到一本書，只有0.8本，多悲哀。但是這個數據不一定準確，2013年文化部的統計，平均每個人一年讀兩本書，2014年文化部說是13本書，我覺得這絕對有點誇大，數據僅供參考，不一定準確。

有一位光電系的學生，方少甫喜歡看《異數》（Outliers）這本書是英裔加拿大作家葛拉威爾的著作。書中探討成功者的才華與創意，作者主張，創意得花大量的時間來培養、練習，並說：「成功的最大前提，都是要有1萬個小時的不斷練習。」方同學認為這本書對他最受用，想請他跟大家說說為什麼喜歡看《異數》這本書？問卷只有他寫這本書，讓我有點驚訝。

方少甫同學：「這本書在說成功的人為什麼會成功，裡面有兩個比較印象深刻。第一個反覆練習，不斷地練習，因為成功就是優勢的累積，成功要看環境，不一定是看個人的才能，所以要不厭其煩的慢慢練習；第二個是願意嘗試，可以更勇敢的去嘗試各種東西。」

千里之行 始於足下

言歸正傳，我要談我的千里之行，首先從地表最熱的地方——「非洲」開始講，慢慢談到地表最冷的地方。非洲的衣索比亞，這麼窮的國家居然是世界文明的發源地，你知道嗎？如果提到人類最早的祖先，你會先想到「北京猿人」吧？其實在衣索比亞發現了比「北京猿人」更早的人類始祖！

衣索比亞的教堂很能展現泱泱古國的風範，特別是聖城--拉里貝拉（Lalibela），在1977年發現了11座從粉紅花崗岩雕鑿出來的12世紀教堂，每座教堂建築風格獨特，壁畫和雕刻美輪美奐，保存完好。教堂和教堂間有一條條通道相連，宛如迷宮，1978年被列為世界文化遺產。其中，聖喬治教堂最讓人震撼，它是由花崗岩向下垂直開鑿20公尺（約6層樓高）建成的教堂，外觀如同插入地底的十字架，由上往下看，人在底部看起來顯得很渺小。

這個教堂有1100位祭司，祭司年齡曾從40歲到55歲，因為衣索

比亞男生平均年齡不超過50歲，大概45歲左右才能當上祭司。這裡沒有電梯，氣溫高達59度，爬上爬下很辛苦。最最讓我意外的是，教堂每個角落裡的祭司和信眾幾乎人手一書，隨時隨地捧書閱讀，和現代人個個捧著手機的景況大異其趣。

北極 讓我探索心靈深處

我喜歡有創意的想法和生活，不喜歡人云亦云，隨波逐流。

50歲那年，苦思生命意義，決定見好就收，放下一切，把退休後的時間留給自己，另外也深感於「學如逆水行舟，不進則退」、「生於憂患，死於安樂」，決定在壯遊中藉著攝影「自我修行」。

一般人是為旅行而攝影，我則是為攝影而旅行。熱愛攝影的原因是基於秉持著「遠離水泥叢林，接近大自然」、「離繁華越遠，離自己越近」等信念。初探南極時，純淨的大地深深震撼了我，讓我種下了極地相思的種子，我彷彿得了「極地遠征症候群」，先後曾十多次探訪南極和北極。極地探索對我而言，不只是為了探險，而是想要超越自我，以及探索人生更深層的意義。

北極，海風冷冽刺人，藍天壯闊，凍原靜寂，看似蠻荒死寂，偉岸蒼涼，但其實凍結冰層的冷酷環境下，北極熊和很多生靈的故事在這裡有趣地上演。

一般而言，到北極除了感受冰天雪地之外，最主要是想看看北極熊；然而，正北極90度，看到北極熊的機會較少。正北極被北冰洋大片冰層覆蓋，偌大的冰原，讓北極熊吃不到海豹，不容易現蹤；但是我們那天在船上卻一次看到了7隻熊，這樣的好運氣堪稱空前，也可能絕後。走過這條航線17次的船長，興奮的恭喜我們：「Lucky 7！太幸運了，一天之內看到7隻，這是少有的經驗。」據他說有幾次航行北極，一隻也看不到，他也很夠意思地在此停留兩個小時，讓我們一次拍個夠！

有次，大家都在船上時，我一個人走向空無一物的薄冰之地，這樣的地方對於一般旅人而言，毫無吸引力，但是對於畫家和攝影家而

言卻是個創作天堂，因為在這裡可以心曠神怡，可以找到最璞真、最原始的感動。最純粹的光、最純粹的影，彷彿印證著電影畫面的真實不虛。表面上看似一望無際，一無所有，仔細觀察卻又發現它深廣、遠近、高低一應俱全。放眼望去，純白的大地，晶瑩透亮，像面鏡子一樣，可照見自己，印證莊子「至人之用心若鏡」。站在空空如也的極境冰地，心靜如水，空空朗朗。

我還曾巧遇BBC拍攝團隊，BBC每一個畫面，都出自一位攝影、一位錄影、一位領隊，以及兩位人員荷槍實彈保護，等於是一個畫面，出動了5個人。此外，國家地理頻道紀錄片《極地寶貝熊》，拍攝了14年，卻沒有拍到小熊從冰洞出現的鏡頭。我只憑著出乎常人的耐心、絕佳運氣和難得的「機會快門」就拍到3隻小熊從洞裡冒出來，熊媽媽給牠們一個KISS的畫面，如此珍貴的影像，見證了驚天動地的一刻。

我的北極行除了踏雪尋熊外，也享受了心靈的淨化，畢竟人都是源於大自然，並且渴望接近大自然。

希臘有 座戴菲爾神殿，供奉阿波羅神，神殿上銘刻的第一句話，即是「認識你自己」。因為多數人所認識的是假我，偏離了真實的自己。人總是在返璞歸真之後，才能夠真正看透自己的心思，並且開始反省自身。只有向內心深處發掘，才能找到真實的自我。

現代人則依循貪婪的慣性，對地球予取予求，造成環境的破壞與污染，須知大自然反撲的力道十分恐怖，人類一定要懂得謙虛，才能與大自然和平共處，並且尊敬它。哲學家蘇格拉底說：「我唯一知道的，就是我的無知。」正是我們所要學習的自省精神。

南極 讓我學會敬畏大自然

南極散發著冰山美人般美麗卻致命的吸引力。在遼闊寂靜，敞亮藍白的冷色調中，南極隱藏著渾然天成，震憾心靈的美景，吸引我四度造訪，欲罷不能，還夢想著能再次和企鵝寶貝們共舞。

南極的企鵝有18種，四趟探訪中，我幸運的觀察到6種，小型的

種類可愛逗趣，大型的企鵝則頗有王者的優雅氣勢。每當踏上南極的陸地，我的心就開始沸騰，熱衷於拍攝的我，經常是透過鏡頭欣賞，構圖企鵝的美，觀察牠們孵蛋、餵食、遊戲、爭地盤的景況。鏡頭中，頰帶企鵝（又稱南極企鵝）用牠圓滾笨重的身體，在岩石間跳躍，逗趣得讓人差點忍不住笑翻，這才發現自己的臉都已經凍僵了；白色冰雪的背景中，有時是幾隻阿德利企鵝，像一個個黑色精靈迅速移動。專心孵蛋的巴布亞企鵝（又稱紳士企鵝），溫文儒雅像沉思的高僧。有時，我奮力的用鏡頭捕捉肥滾滾的帝王企鵝，拍攝牠們一隻接著一隻撲趴倒在雪地，像是一艘又一艘肥厚的船隻，用短短如槳的雙翼在冰上滑行……。一幕幕可愛的畫面，帶領我走進了卡通故事中，心境又重返童真的時代。

有一幕最撼動人心的畫面，是成千上萬的帝王企鵝或國王企鵝，群聚一處的壯觀場面。欣賞牠們井然有序的行軍時，總讓我為之驚嘆，看著看著，身體也不自覺地像企鵝般輕輕左右搖擺。企鵝們或列隊步行，或匍匐滑行，或分列式般向左向右分行，有如閱兵陣列。我想，牠們這些動作，是不是在替未來的應變做預演，為不久將來的暴風雪做準備呢？

零下幾十度的寒凍中，這些企鵝爸爸們小心翼翼地弓起腳尖，護衛著企鵝蛋裡微弱的心跳。黑暗裡，公企鵝們圍擠在一起取暖，儘管暴風雪在牠們身上結成冰，儘管肚子餓了3個月，體重也只剩一半，牠們仍然堅守護衛生命的承諾，全然的相互信任，等待春天的陽光，等待遠行覓食的企鵝媽媽歸來。

來到南極，親身感受企鵝飽受著孵育後代之苦、飢餓之苦、覓食之苦、被海豹吞啖之苦、寒冬凍死之苦，真是無一不苦！牠們所希求的也只是生存而已。就拿獅子、老虎來說，雖然是凶猛的肉食動物，但牠們吃飽了之後，就懶洋洋的歇息著，不再攻擊弱勢動物。牠們吃剩下的肉渣子，還可讓附近盤旋的兀鷹撿一點便宜。反觀人類貪婪成性，完全不知道節制，想要的永遠比需要的多好幾倍，更不知道珍惜所擁有的，將地球資源過度消耗，留下爛攤子讓子孫收拾。

更遺憾的是，那些我曾經走過的雪白大地，也正一點一滴的在消

融，不禁慨嘆人類怎能如此傲慢？自以為是地不珍惜資源、破壞山川大地？倘若有一天，地球暖化使得南極的冰全部融化，我們的世界將變成什麼樣子呢？

生態攝影 讓我領略候鳥精神

接下來講講生態攝影。生態攝影很辛苦，一般旅行社不會辦，因為生態攝影的團員不能超過5個人以上，人太多會驚嚇到鳥類。提到生態攝影，我想談談我心目中所鍾愛的鳥。一般野鳥協會的會員大都喜歡拍山鳥，畫面無非是聚焦於鳥兒的特寫，或是母鳥餵哺小鳥、捕抓魚、蟲的鏡頭；但我卻對高貴的雪雁情有獨鍾，這種候鳥成群結隊，卻井然有序。牠們對愛情忠貞不渝，一夫一妻，長相廝守，不會因為大難來時而各自飛，特別是來自極地的候鳥、鶴類即是這種情操高貴，不可多得的鳥類，其他如雪鴞、雪雁等等也都讓極地的天空更顯多采多姿！

雪雁萬千隻 遮了天蔽了日

如果說極地的候鳥類當中，有一種能遮天蔽日，震撼視野，那就非雪雁莫屬了！

德國哲學家康德曾經定義人類的美感經驗，區分為「壯美」與「優美」兩種。他認為，壯美是心靈固有的崇高性格，受外力壓迫所激發產生，它顯示某種精神力量的被喚醒。

如果我們同意「數大便是美」，那麼，成千上萬隻的雪雁，在轉瞬之間，排隊直飛雲霄，讓藍色的天空，頓時變成一片雪白，即是一種難忘的「壯美」體驗。仰望空中的雁群，隊伍形態變化多端，時而如細流在藍色的鏡面上緩緩流動，水過無痕；時而如散落在藍絲絨上的珍珠，熠熠生輝；時而又如在藍天的頸項上穿綴起一串串的珍珠，嬌美多姿。

北美洲上空經常可以看見以「V」字整齊排列隊形，萬里翱翔的

飛鳥，在美國與加拿大幾處野生動物保護區，也得見萬鳥蔽空的獨特景觀，令人嘆為觀止。牠們就是學名Chen caerulewscens，通稱雪雁（Snow Goose）的候鳥。

有一次，我和友人到新墨西哥州（New Mexico）阿巴克奇市（Albu Quer Que）以南100哩外的阿帕契之林國家野生動物保護區（Bos Que Del Apache National Wildlife Refuge）拍攝雪雁和沙丘鶴。我們此行拍攝的重點是日出、日落之時，雁群飛行的壯觀景象。

當地日出是清晨6點59分，時間短暫，稍縱即逝，卻有攝影者最期待的晨光與色溫。為了這一刻，我們早上5點多起床，在天未亮的6點前就摸黑出門。進入保護區後，先選定拍攝位置，架好三腳架，檢查ISO、曝光值、加減格。由於，該地海拔高度約1300到1900公尺，日出前溫度降至攝氏零下，冷風颼颼，我們每人都把自己裹得密不透風，與大自然進行一場抗寒作戰，耐心冷靜地等候石破天驚的一刻。

雪雁素以大聲喧嘩聞名，遠在1哩外都能聽見牠們的叫聲。果不其然，不久，雪雁大批出現了。上下盤繞飛旋，夾帶懾人的高聲鳴叫此起彼落，如同殺聲震天的大軍壓境，刺激著我們每一吋神經。空中的雁群們密集地飛翔舞動，瞬間捲起千堆濃雲，將天空遮蔽，若非鳥色雪白，恐怕此刻已如黑夜，讓人不禁想到驚悚大師希區考克的經典電影《鳥》。

更令人不可思議的是，成千上萬隻的雪雁集體行動，在看來幾乎已無移動空間的狀況下，以人類難以理解想像的規則，前後上下，交織一片，甚至迎面錯身而過，卻不會撞在一起，隨後，難以估計的滿天雪雁，如同進行空中分列式一般，高高低低，井然有序。家族大一點的幾百隻，小一點的幾十隻，以一種似經排練過的動作，分批降落湖面，過程長達40到50分鐘。

待雪雁全體降落後，牠們分批有序地朝向麥田覓食，不同的鳥群之間則嚴守分際，彷彿有道隱形的楚河漢界，隔著一邊密密麻麻的雪雁，以及另一邊稀稀落落的沙丘鶴，涇渭分明，互不侵犯，讓我看到了大自然間和諧共生的一刻。

雪鴞 哈利波特的信差

帶著一點探祕心情，2012年元月我們在鳥導Hank的安排下，專程到雪鴞度冬聖地--加拿大邊界海灣（Boundary Bay）觀察、拍攝雪鴞。因為這裡是候鳥飛行路徑中的重要中途休息站；在候鳥遷移期間，遷移數量可高達10萬隻。我們頂著暴風雪，有時一站就是幾個小時，清晨從旅店出發，一直拍到太陽下山才休息。我用連拍模式，聽從鳥嚮導指揮方向，果然拍到飛行中的雪鴞，內心怦然之際，又讓我看到了不同品種的雪鴞，然而牠只是天空中驚鴻一瞥的過客，匆匆掠過，沒能在我的相機裡留下影像。但接下來從北極內陸飛來的純白雪鴞，由天而降，讓我驚喜連連，大感幸運！

雪鴞（Snowy owl）全身雪白，在小說《哈利波特》裡扮演信差角色，原棲地在北極凍土苔原，目前全球僅存數千隻。人類眼中，人人喊打的過街老鼠是牠們的可口食物，旅鼠多寡直接影響雪鴞的繁殖力，獵物多時下蛋多，獵物少時下蛋少，甚至不下蛋，因應環境變化而自我調整生殖頻率，以免影響幼鴞存活率。人類節育要靠結紮、避孕，雪鴞跟其他貓頭鷹一樣，食物來源減少，牠們就不進行生殖活動，這種上帝特別的賞賜，天賦異稟，與眾不同的能力，可謂生存智慧的佐證，也可稱為大自然的奇蹟！

痲風村公益旅行 心靈震撼教育

為什麼要講「公益旅行」？因為「公益旅行」已擺脫享樂至上主義，透過旅行結合志工學習服務，可以讓人跳脫原本的生活步調，以「同理心」的角度去看待不同的世界，也可以培養主動參與公共事務的熱忱和意願，形塑積極、正向的價值觀。

多年前，我的「痲風村之行」即是一次令人終身難忘的「公益旅行」。

我會特別關心大陸痲風村民的生活，主要是因為看見了《中國時報》的「痲風村」調查報導，篇名為〈渴望的眼神，令人心碎〉，深

感強烈震撼並久久難以忘懷……。於是主動和作者連絡，希望能為這些痲瘋村民盡些心力。透過作者的引介，輾轉認識了在輔仁大學教神學的谷寒松神父，還有在澳門「利瑪竇社會服務中心」、長年協助痲瘋病患的陸毅神父。經過多次的了解與傳真往返，對神父默默投入痲瘋村整建的精神，十分欽佩，於是先後捐助了3萬美金、5萬港幣，希望也能為這些義舉盡些心。

後來，在神父的邀請下，我有機會走訪了位於雲南省的4個痲瘋村--華坪、寧浪、永勝、祥雲，雖然只有短短的14天，卻是今生難忘的經歷。這些位於川滇邊界的痲瘋村孤懸在外，與世隔絕，日漸被世人遺忘。當我踏進痲瘋村的第一步，目睹痲瘋病患，那真是怵目驚心的一次震撼教育！

這些沒有身分證，長期被隔離的病友，他們有的臉變形、手足扭曲，有的手、腳表面麻木、潰爛，有的手勾、鼻凹、眼盲……不同程度的種種畸殘。居住環境也只是由土牆、危屋建構的落後村莊，一切仍停留在原始的無水、無電狀態。在這樣乏人關心的孤絕環境中，村民們看到了我們的造訪，露出了極為難得的笑容。他們列隊歡迎我們的到來，並聚在一起專心聽著譚神父所唱的〈祝你平安〉祝禱歌。隨後，沒有戴手套、沒有戴口罩、也不怕被傳染的神父，分送紅包給每位痲瘋病患者，並一一拉起他們的手，不斷說：「我愛你！天父愛你！」全然不因他們殘缺不全或充滿髒污的手，而有所遲疑。雖然紅包袋內只有50元人民幣，卻已經是當時當地1個月的生活費了。

起先，我認為神父的所作所為真是了不起，但是走訪了幾個痲瘋村之後，我發現更了不起的是修女。

2016年3月復活節洗腳儀式，天主教教宗方濟各（Pope Francis）走訪義大利的難民收容中心，為11位尋求庇護的敘利亞年輕難民和一位工作人員洗腳。此事被國際媒體廣泛報導，引為美談；殊不知，痲瘋村的這些修女一年365天，天天幫痲瘋病患洗腳、換藥。

結束痲瘋村之行後，從這些對生命感到絕望的病患身上，我不斷反思自己存在的價值和目的。雖說人生難免要在生命的大浪中載浮載沉，但是我跋涉萬里去那個杳無人跡的地方，又能為痲瘋病患帶來什

麼呢？他們會覺得更快樂嗎？我會更心安嗎？我念茲在茲的還是究竟能為痲瘋村做些什麼？

由於不捨痲瘋病患的苦痛磨難，也有感於修女的偉大和付出，每一年聖誕節前，我都會寄紅包給35位修女，40年來始終如一。

有些朋友看了我拍的這一系列觸目驚心的痲瘋村照片，大受震撼，問我為什麼不去參加攝影比賽？朋友說，如果參賽，肯定得獎！又說，即便不參賽，至少開個攝影展總可以吧？如果公開展示，肯定會廣獲媒體的報導和掌聲。我告訴他們，不應該從別人的痛苦中獲取快樂。更何況自從2000年北京奧運之後，痲瘋村已改為康復院，改善了不少，現在北京也不許外人進入痲瘋村，詳細情況如何，已不得而知。

怎樣開發潛能

蘇聯有個潛能開發研究所的專家提出，「一個人只要用潛能的百分之50，就可以精通40幾個國家的語言，還可以得到10個以上的博士學位。」人人都有無限的潛能，只要你專注，有恆心、毅力、耐心，將會有意想不到的結果。為什麼我一再前進南極、北極、中極（西藏），明知這是艱苦的行程，卻還是樂此不疲，這用言語難以形容，只有親自體會，才知道箇中滋味。

還記得2006年夏天，我第二趟探訪北極。從俄羅斯北方巴倫支海（Barents Sea）的摩爾曼斯克（Murmansk）啟程，乘核子動力船YAMAL號向北長征，穿越北極海，筆直航向地球之頂——正北90度。

破冰船停止前進時，大家群起歡呼，「我們到了！這裡就是地球之頂了！」經由衛星定位，找到地球正北90度極點的位置，我站在剛插上的「NORTH POLE 90°N」立牌旁，頭頂上飄揚著團員15個國家的國旗，彷彿登高山攻頂成功，大家都興奮激昂。來自各國的76個團員陸續下船，齊聚於地球之頂。悠揚音樂的慶祝氛圍中，大家手拉著手，在白色大地上圍成一個大圓。此刻，每個人的心頭上，像有一根拉緊的琴弦，一種強大的凝聚力，感動著我們。

可是，慶祝的儀式一直還沒有開始。船長宣布說：「請等一等，有一對特別的夫婦……。」一會兒，4位船員用擔架抬來一位老先生，是來自美國高齡80多歲的史密斯老先生，因中風不良於行。而他的胖太太琳達，也小心翼翼的走在冰滑的雪地上，一步步蹣跚而來。這幅動人的畫面，讓大家的心更加溫熱了。

　　史密斯被抬進我們的圓圈裡，在左右各一人攙扶下，雙臂被架著而站起身，他堅持，就算拄著拐杖，也要加入我們的圓，好好的站在地球之頂上。當樂聲奏起時，奇蹟出現了！他竟不需旁人攙扶，光靠左右兩邊牽手的力量，自己站立，和大家一塊走步！他身邊幾個團員都被他的意志力感動，激動地大喊：「哈利路亞！」很多人流下淚來，每個人紛紛報以讚嘆和鼓勵的眼光。我一直相信這世界上是有奇蹟的，個人強烈的信念，加上潛力發揮，有時會產生不可思議的力量！在這地球的頂點，我真實的見證了奇蹟發生！

　　演講已到了尾聲，最重要的是希望每位同學記得以下幾件事：

1.養成大量閱讀的習慣：

　　面對AI時代的來臨，更要培養一技之長。知識就是力量，廣泛的閱讀和運用，才能讓自己在千變萬化的時代裡站穩腳步，或取得一席之地。

2.養成某種良好的嗜好：

　　音樂是非常重要的，懂一種樂器，鬱悶的時候，可以找找你的樂器；如果不懂樂器，也可以學會欣賞音樂、鑑賞音樂。你看那些科學家，他們也喜歡巴赫和莫札特。像史懷哲是科學家也是音樂家，他是德國通才，擁有神學、音樂、哲學、和醫學4個博士學位，他在中非西部創立了史懷哲醫院，有「非洲之父」、「叢林醫生」的美譽，獲得1952年諾貝爾和平獎，他也是著名的管風琴師，對於巴赫音樂情有獨鍾。

3.身心靈均衡發展：

　　身體健康很重要，別忘了心、靈方面也要追求健康。我們成大很多同學的人生夢想都填「創業」，拚事業追求財富固然重要，但是別忘了要以愛心和智慧為前提，否則事業功成名就之後肯定也不會幸福

快樂。最近某上市公司大老闆的九個子女竟有5個離婚，就是再清楚不過的例子了，他們雖然擁有大量財富，卻不一定幸福快樂。

4.一定要能吃苦：

　　五四運動健將羅家倫曾說：「痛苦是快樂的母親，生命的奇葩都是從痛苦中產生的。」唐代的黃蘗禪師也說：「不經一番寒徹骨，焉得梅花撲鼻香。」我曾經去攀登攻頂希臘修道院，為了這行程，我得忍受並接受因為關節炎而必須打玻尿酸。請永遠記得正向思考，陽光思維。

5.施比受有福：

　　為善最樂，青年守則第8條：「助人為快樂之本」，美國的富豪比爾蓋茲和股神巴菲特都熱愛公益，他們已預告去世後的龐大財產願意捐出做公益，這是大家學習的典範。最後祝福大家身體健康，心想事成！

【學生回饋】

謝璨安（電機系2四年級）：

　　活到老學到老　值得效法！陳維滄董事長是非常熱情的人，尤其他請同學講心得時，可感受他熱切的情緒。在整堂課，他除了利用希臘三大哲學家的名言，來強調真善美的重要性，也透過他旅行的經歷，來分享他對人生的看法，從中可以感受他不斷前進的動力，活到老，學到老的精神，值得我們效法。

　　講者講述他的旅程，從北極到沙漠，最後到四川的痲瘋村。最讓我印象深刻的是在北極的旅程，他分享自己拍攝的北極熊和企鵝的照片及影片。北極熊在地上爬那懶散的樣子，以及小熊到處亂跑，最後被母熊臭罵一頓那無辜的模樣，非常討人喜歡。

　　另外在拍攝企鵝的過程，放一隻他隨身攜帶的泰迪熊，看看不同種類的企鵝反應，都讓我感受到自然生命力的美。另外他也拜訪雲南痲瘋村，展示染上痲瘋病的情況及神父、修女照顧病人，感人肺腑的照片，也讓我了解自己有多麼幸福，而講者更在退休後成立文教基金會回饋社會，幫助環境保護和偏鄉教育，非常最難能可貴，也落實了他一貫追求真、善、美的目標。

王文華專訪老頑童陳維滄

王文華（作家、電台主持人）
時間： 2010.11.26
地點：台北市松江路93巷2號人文空間

　　2010年8月，時報文化出版了陳維滄所寫的《那些極境教我的事》，各電視台邀訪不斷，其中，在人文空間與名作家王文華的一席談，輕鬆、有趣、有深度，是一段美好回憶。訪談後，王文華寄來訪談逐字稿，並在Mail上感性地說：「老頑童，謝謝您！一顆種子，今天在您的見證下，開始慢慢發芽！南極、北極、外太空……；您的故事比我今天任何案例，都有啟發性。」這場精彩對談，我們也特別收錄於後，博君會心莞爾！

北極去過嗎？沒有！南極去過嗎？沒有！喜馬拉雅山去過嗎？沒有！但，我們今天的特別來賓這些地方都去過，而且不只一次，同時他又是一名非常成功的企業家。這樣的人生就有趣了。歡迎傳奇人物來到現場——有請我們的川流文化教育基金會董事長陳維滄先生！

Q：董事長好！通常他們都稱呼您陳董嗎？
A：陳董或老頑童。學生時代，我跟著基督教去全台作福傳時，也有人叫我陳弟兄。後來，也有人叫我陳師兄。
Q：陳師兄？
A：因為我學禪，和禪宗有一段因緣。
Q：那您的身分好多哦！（笑）有人叫您親愛的嗎？

A：（笑而不答）

Q：您老婆也沒這樣叫你嗎？

A：一時想不起，她有時叫「喂（維）！喂（維）！」

Q：陳維滄先生的「維」是四維八德的「維」，「滄」是滄海一粟的「滄」。他的名字註定他要成為一個天生的流浪者，浪跡天涯。他寫的《那些極境教我的事》，所謂「極境」，就是指地球上很偏遠的地方，陳董都去過。陳董要和我們一起聊聊《那些極境教我的事》。首先，陳董是台中人？

A：我在台中念書，是埔里人。

Q：初中以前一直都是在埔里，後來在台中念高中。咦，大學也在台中，怎麼這麼巧？

A：是的，所以台中是我的第二故鄉。

Q：真是有緣。那您東海大學畢業後，就開始進入社會，一開始就是做業務方面的工作？

A：我人生首份工作是在騰勝貿易公司上班，老闆是洪騰勝。我負責英文打字機的行銷工作，公司還代理了毛線編織機、縫紉機。洪老闆事業經營有成，另外投資創建兄弟大飯店，且他因為喜歡棒球，又組織了一個兄弟棒球隊。他本人擔任投手，我是內野手。

Q：哇！您還打過棒球！

A：我算是第一代兄弟棒球隊球員，當然，那時還沒有職棒。

Q：那您是隊員中發展最好的，成為了企業家。所以您對運動是那時就有興趣？

A：（笑）不是，那時是老闆喜歡，我只是陪著老闆打。

Q：您當時是內野手，有和別人比賽嗎？

A：有啊！當時台灣有很多邦交國，我們都跟大使館、領事館或外商銀行比賽。

Q：所以陳董您運動的細胞、挑戰困難的細胞，在那時就奠定了。後來離開了「兄弟」，自己創業？

A：我的第一家公司「亞典」專賣大理石藝品。因為那時代的台北有美軍顧問團，北投有日本觀光客，所以朋友們建議我開大理石藝

品店以賺老外的錢。於是我自己創業，在中山北路一段100號成立公司。

Q：後來又創立另外一家「谷威貿易有限公司」，也是類似的行業嗎？

A：剛開始是開一家小型工廠做生產，後來做批發，發現工廠的市場發展有限，遇上經濟不景氣，就會面臨危機，因此改走做貿易路線。因為從事貿易具多樣性，可以隨時應變。

Q：所以您在那時就開始轉型，創建了一個非常成功的事業，陳董事長是一位很令人敬重、很成功的台灣創業家，但是您卻在事業正旺的時候急流勇退，很年輕就退休了？

A：是的，在我剛滿50歲的時候決定離開江湖，不在商場打滾。

Q：50歲不是男人事業正高峰、正風光的時候嗎？您為什麼會在這時候選擇結束職涯呢？

A：因為我發現很多有錢人活得並不快樂！我一直想，人活著究竟是「為誰辛苦為誰忙」？不是要追求幸福嗎？有了錢還不開心，活著還有什麼意義！我算了算手中的錢，覺得夠花了，就宣布交棒，離開商場。

Q：像陳董這麼想的人也不少，但真正能立下決心、退出江湖的人卻少之又少，陳董瀟灑地放手了，真是值得敬佩！50歲就退休，後面還有大半生的時間，做什麼好呢？好在陳董多才多藝，從年輕時就開始有夢想，後半場也就一點都不寂寞了。下面我們講一講陳董精彩的生涯。您從大學時代就開始攝影？

A：不，實際上我從高中開始玩攝影。

Q：參加比賽還得了獎是嗎？除此之外，您還參加中視的歌唱比賽？

A：當時正逢台灣退出聯合國，舉國沮喪，我們就想組織一個合唱團提升民心士氣。中美斷交後，中華電視台舉辦《我愛中華》歌唱比賽活動，我們就報名參加了。沒想到我們連過十八關，拿了總冠軍。

Q：哇，那您是第一代的超級大偶像！（一起大笑）其實那個年代滿特殊的，中美斷交後，掀起了一股愛國歌曲演唱風潮。所以說，

陳董多才多藝，既搞合唱團，又玩相機，對大自然也十分關注，還當了「荒野保護協會」和「台灣環境資訊協會」的顧問，再來就進行了一系列極地的冒險。

那您對大自然的興趣與緣分是什麼時候開始的呢？

A：因為喜歡攝影，所以到處去拍照，拍到沒地方可拍了。大家都往九寨溝、大峽谷等地方跑，我就想，為什麼不去拍人少的地方，所以就選了南北極。

Q：南北極，那麼危險的地方，真的很令人佩服，聽說您在南極為了等企鵝跳出水面的鏡頭，可以等8個小時；為了在北極拍極光，雪地裡等了4個小時？

A：這些艱苦行程都是經常發生的。

Q：其實說「放下了」、「覺悟了」，講起來很簡單，但要做到卻很難。所以陳董在還很年輕時退休，開始了人生壯遊--到世界很不一樣的地方去旅行。而60歲到喜馬拉雅山，您的家人會不會很擔心？

A：家裡沒有一個人贊成，全部反對，說我沒有登山經驗。

Q：是啊，你去是很Happy，但家人卻很擔心。跟我們談談喜馬拉雅山的旅程吧？您是跟一群人到尼泊爾喜馬拉雅山那邊的高山健行？一路爬到頂端嗎？

A：我們不可能爬到頂端，如果要上頂端，需要有執照。比如說Trekking是分好幾種，1000到3000公尺或3000公尺以上，是中等的。我們不是登山，只是沿著山路往上走，屬於高山健行。

Q：雖然是高山健行也不得了，要克服高山症就很不容易。不過您雖然60歲，身體還滿好的。到了喜馬拉雅山，有一天晚上很慶幸自己沒有高山症，就開始喝小酒？

A：呵呵！結果是樂極生悲，喝慘了！那時我見到兩個年輕同伴陸續出狀況，而我這個老頭子居然還好，不禁志得意滿。

Q：那時是多少公尺？

A：大概是3900公尺，快4000了。那時我認為自己沒有問題，有一點點自負，就喝了點小酒，結果一喝就馬上出狀況了。

Q：發生了什麼事？

A：頭疼欲裂，當時都可以清楚聽到心臟怦怦跳動的聲音，我對著碼表看，1分鐘跳127下。

Q：那快兩倍了，不嚇死人！

A：我當時嘴唇都變色了，只覺得整個人發悶，根本沒辦法睡覺。

Q：那您怎麼辦？

A：當時就打坐。我曾經學過打坐，所以就想透過打坐，讓心臟平緩下來。

Q：當時您腦中有沒有這樣想：您有可能就這樣走了？會不會有什麼遺憾或顧慮？

A：沒有。在打坐過程中，一下子迴光返照，覺得自己經過一個時光隧道：小時候、初中、高中……，每一個人生階段都很清楚地顯現出來。回顧之後總結，覺得這一生沒有虛度，心也就慢慢平和下來。

Q：好在陳董平安度過喜馬拉雅山的危險狀況。回來後，喜馬拉雅山之旅讓您對人生有什麼體會？

A：第一是，不再挑食，覺得什麼都好吃！因為在那邊條件很差，我們都帶乾糧，很難吃到新鮮菜。

　　剛開始是吃不下，但後來肚子太餓，不得已就吃了。所以從尼泊爾回來，我就不再挑食了。

Q：哇！影響這麼大。其實在極境就是這麼簡單，沒有我們在城市有的享受，反而讓我們回到人間最基本的東西，返回後對一切都能夠接受、適應。喜馬拉雅山對別人來說是驚天動地的經驗，但對陳董來說只是牛刀小試，因為從喜馬拉雅山回來之後，您開始探訪南北極了，請問到目前為止，您去了幾次？

A：8次吧！南極4次，北極4次。

Q：8次！去一次不就行了嗎？為什麼還要去那麼多次？

A：因為每次去都有不同感受，愈去愈讓你著迷。

Q：在南北極您還提到一些狀況，比如您被海豹攻擊。在原始的動物法則主導一切的地方，您的感受是？

A：我本來以為對生死已經看得很淡，隨時可以奉主召，但遇上海豹攻擊時，害怕、恐懼、慌亂馬上顯現出來，其實我們領隊再三交代，碰上海豹攻擊，千萬不要驚慌，要眼睛瞪著牠；如果牠靠近，就用石頭製造噪音，嚇退牠。當時我本想大聲呼喊「Help！Help！Help！」卻叫不出來，神經系統完全當機了。

Q：海豹可不會買「董事長」的帳；那時，您感覺到人的渺小。

A：還有脆弱。

Q：可是我們在城市裡，特別是陳董您這樣事業有成的人，通常覺得「人」才是世界的中心，人是萬物之靈，萬物皆受我們支配。在極境您突然發現，以人為中心的世界觀是有問題的嗎？

A：以「人」為中心，人的自我存在感就很強，只要對方不合我們的意願，就會發生爭執。在我看來，離開繁華、離開人群去接近大自然，會讓人心平氣和。

Q：所以平常我們對所爭的、要的東西會比較淡泊。您在極境中學到這些，而事實上極境教你的事，不僅是在喜馬拉雅山、南北極，還有沙漠；您也去了沙漠。沙漠的極境景象與南北極不同，您自己背著相機，背著三腳架在沙漠上走，留下一個一個腳印，一陣風吹過，這些腳印就……

A：沒了。

Q：這對生命也是一個譬喻。

A：就是無常。

Q：可是在企業界做事，很少會去想生命無常。大家都想做大企業，都想要上市，想發財，對於「無常」，大多不能夠體會，也不願意接受。

A：除了無常，還有貪婪--對物質的欲望。

Q：我們面對的、看到的是真實的自己嗎？如果不是，那是百分之多少？我們用什麼沉澱百分之百的自己呢？陳維滄董事長的這本《那些極境教我的事》是由時報出版社出版。陳董最後給我們一些建議，您走過了這麼多地方，建立了這麼多的事業，您現在73歲，回首過去，給我們年輕朋友一句話。

A：「行萬里路，破萬卷書」。如果行萬里路不讀萬卷書，還是沒有用；讀萬卷書，但沒有行萬里路，也只是白做書生。

您說得很對！謝謝「行萬里路」的陳董。謝謝！

高劭宜專訪不老探險家陳維滄

高劭宜（廣播金鐘獎得主）
時間：2019.03.09
地點：愛樂電台（台北頻FM99.7／新竹 FM90.7）
節目：大大的必修課

Q：縱橫商場、無往不利，為什麼
　　卻在壯年時急流勇退？

A：「在家靠父母，出外靠朋
　　友」，我出社會後獲得貴人相
　　助，因緣際會，擔任了當時全
　　台灣第二大外貿公司總經理。
　　因此，有機會參加台北東區扶

輪社。那時全台灣只有7個扶輪社，扶輪社社員大都是上市公司
大老闆，都是業界的精英，我算是社裡最年輕的社友之一。
扶輪社裡面有一部分的人婚姻不幸福，一部分的人是工作狂，從
早忙到晚，需要服用安眠藥才睡得著。另外一部分的人工作之
外，培養出一些嗜好，例如攝影、旅遊、登山、看電影，我就屬
於後者。我喜歡冷眼旁觀眾生相，發現如果一直追求功名利祿，
那將永無止境，沒完沒了。特別是如果站在高處，獲得太多掌
聲，容易迷失自己，加上我學習了安祥禪，思索著要走出不一樣
的人生。經過一番天人交戰，我決定人生更大的目標應放在追求
幸福和真、善、美。

Q：不觀光、只探險？請談談您的旅行觀。

A：我不是不觀光，我也觀光，觀光主要是為了陪太太和家人；但
　　探險就只能自己去了。旅行（Travel）這個單字，按拉丁文的解
　　讀，具有「Hard work」與「Re-birth」雙重意義。「Hard work」

是事先做功課，了解行程規畫和當地風土民情，並且很認真聽導遊講解，加上自己用心觀察和體會；「Re-birth」則是旅遊中或回來之後，透過一段前所未有的體悟，得到全新的啟發和學習，這樣才不會只是走馬看花。

Q：從50歲壯遊到成為知名極地攝影師，可否分享心路歷程？

A：我就讀台中一中時期開始玩相機、學攝影。當時我妹妹在第一銀行上班，她一領到首筆月薪，就為我買了一部相機，開啟了我對攝影的興趣。對於攝影，我從未參加攝影社團或協會，純粹是靠興趣和天分。

家族成員不論是母親、內人、大女兒、外孫，都有繪畫天分；我個人可能源自於母親的藝術基因，加上透過閱讀攝影書籍和欣賞攝影展，讓我能夠分辨作品的好壞，明白構圖的重要性。至於拍攝時有關相機軟硬體使用上的問題，偶而會請教同好。

台灣的攝影協會傾向拍出美美的沙龍調作品，但是國外的攝影大賽得獎作品卻大都著重於人文關懷，拍出生老病死、以及戰爭的殘酷。例如：47年前，一位遭燃燒彈攻擊的赤裸女孩，在越南鄉村道路上向前跑著，那一幕，被美聯社記者拍下，照片撼動全世

界，加速了越戰的結束。例如著名的阿富汗少女，因為蘇聯入侵阿富汗，她6歲就成為孤兒，並和兄弟姊妹、祖母徒步逃難至巴基斯坦。攝影師拍攝了她那茫茫然的照片，登上《國家地理》雜誌1985年6月刊封面，無意間她成了阿富汗難民象徵性人物。

2015年有一部電影《薩爾加多的凝視》（The Salt of the Earth），入圍奧斯卡獎的紀錄片。德國電影大師溫德斯（Wim Wenders）在片中追隨攝影大師薩爾加多（Juliano Ribeiro Salgado），前往世界的盡頭，用鏡頭深入探索人類貧民窟。其中溫德斯的電影旁白，讓我印象深刻，他指出以攝影（Photography）詞源來說，Photography由希臘文phos（光）與graphi（寫作或繪畫）兩個單詞組成。希臘原文：fotografia即意謂著以光寫作或繪畫。

按照這個標準，一張好的攝影作品應具備不錯的光和影，讓人欣賞後，可以講故事，可以寫作，還可以當作繪畫題材。

Q：從極地到沙漠，哪次旅行可曾想退縮？

A：「不經一番寒徹骨，焉得梅花撲鼻香」為了讓自己的旅遊更有深度，我選擇了一般觀光客較少去的地方，挑戰了地球上最熱和最冷的地區。

五四運動的健將羅家倫（1897～1969）曾說過一句話：「痛苦是快樂的母親，生命的奇葩都是從痛苦中產生的。」為了拍企鵝出水的畫面，我在冰天雪地的南極足足守候了八小時，只為了能在鏡頭前捕捉那美麗又永恆的一瞬間。為了拍北極的小熊，我多次前往北極，過程中忍受了千辛萬苦，但是夢想成真後，心靈的喜悅卻不是筆墨所能形容的。

當然，過程中也有遇到挫折沮喪的時候，例如原本想在加拿大拍攝鹿群大遷徙卻受阻，我又失望又生氣，只好大跳彈簧床，希望解解鬱悶，彈出所有的不愉快。

過程中也有驚險萬分的時候，例如我在南極忘情的拍攝時，一不

留神竟落單了！遇到一對海豹步步逼近，讓我心驚膽跳，後來雖然化解危機，可是現在想起來仍然餘悸猶存。

不管是受挫也好，驚險也好，卻不曾想過要退縮。因為我認為只有通過最嚴苛的試煉，才能看到大自然最無盡的壯美，因此冷熱兩極的氣溫、沙漠漫天的沙暴、足以致命的高山症，這些辛苦都沒讓我退卻。就像是那些勇敢挑戰攀登聖母峰的登山者，儘管過程中步步驚魂，他們還是一樣想一去再去。

Q：請分享一個令您感觸最深刻的旅行回憶。

A：這是個大哉問！我有太多令人終生難忘的小故事。

2015年在非洲的旅行，那次在肯亞搭乘熱氣球進行空拍，因為氣流不穩定，導致熱氣球沒有按照預期的落點降落，反而一路沿著山丘向下滾落；甚至還被樹枝勾到，我整個人差點撞到致命的巨石，幸好最後是老天保佑，有驚無險，而同樣搭熱氣球的一位大陸朋友，他就摔壞了相機。

孟加拉旅行也讓我印象深刻，如果你看過我近期在《講義》雜誌發表的文章＜安貧樂道 友善愛美--從宰牲節看見真實的孟加拉＞，「宰牲節」是孟加拉很重要的傳統活動。節慶前，首都達卡火車站會出現大量南來北往搭火車回鄉的人潮。雖然從清晨5點半開始至午夜，大約每20分鐘就有一班火車，但是仍不夠運載趕著回家的滿滿人潮。

我在達卡火車站的天橋上，目睹車頂上擠滿了歸心似箭的遊子；列車進站後，月台上的民眾他們一一費力使勁地往車頂攀爬，即便車頂上早也已經站滿了人，只要一有一丁點空隙，他們會幫忙拉上車頂，險象環生，讓人怵目驚心。難能可貴的是，車廂內有座位的乘客會伸手協助窗外的人，用力將他們拉入車廂內。孟加拉人相互扶持，表現了「患難見真情」的人性光輝！

另外，在玻利維亞的天空之城，鹽湖上一望無際的白色，映照著蔚藍天空，天和地連成一線，置身其中，可以洗滌心靈塵垢，也讓人想起莊子所說的：「至人之用心若鏡」。

Q：請分享您的養生秘訣。

A： **正向思考 助人最樂**

《黃帝內經》說：「百病從心生」，正向思考很重要。世界衛生組織2017年公布，21世紀最大的威脅之一就是負面思考，50%以上的癌症患者都有負面思考傾向。嫉妒、懷疑、抱怨，這些對身體都不好；陽光思惟、正向思考、積極開朗才是養生的根本。我有一些朋友像是漫畫家蔡志忠和幽默作家賴淑惠，他們因為正向思考，幾乎都不生病。

去年8月1日我應台北市政府之邀，和里長們分享助人最樂的話題，我引用20世紀管理學大師彼得・杜拉克（Peter Drucker）《下一個社會》的觀點，他提出：「未來的社會將是志工的舞台、宗教仍具有舉足輕重的分量。」「非營利機構能夠提供機會，讓個人擁有一個自己可以控制、奉獻和改善的天地。」杜拉克呼籲，付出有益心靈，學習如何關懷。

很多研究告訴我們，幫助別人會忘了自我，常常幫助別人，身體會產生很多免疫力。例如美國國立衛生研究院對樂善好施的人進行核磁共振研究，發現慷慨的人，自會增強免疫力。因為助人的時候，我們容易感受到「有被需要」的成就感，和「希望再成長」的自我期許，體內自然會分泌出讓人快樂的安多酚，這種能讓人提升免疫力的化學物質，不但能良性循環，促進個人的身心健康，還會越做越起勁。

飲食清淡 固定運動

我不是醫生，無法告訴大家怎麼吃最養生 ，但是大家都知道飲食愈清淡愈好，少油、少鹽、少肉，只求七分飽，晚餐也只要六分飽即可。因為人的腸胃和素食類動物牛、羊相同，都是比較長，消化較慢，不像肉食類動物獅、虎一樣可以快速消化。大家也都知道運動可以強身的道理，但要持之以恆，可就不容易了。我養成每天運動習慣，數十年如一日。

音樂療法 有益身心

去年底，愛樂電台邀請陳必先和陳宏寬姊弟在國家音樂廳舉辦

聯合鋼琴音樂會，陳必先特別彈奏她拿手曲目巴赫「賦格的藝術」。

西方的史懷哲（Albert Schweitzer 1875－1965）醫師，也對巴赫音樂情有獨鍾。史懷哲擁有神學、音樂、哲學及醫學四個博士學位。他在中非西部創立史懷哲醫院，被譽「非洲之父」、「叢林醫生」，榮獲1952年諾貝爾和平獎，他也是一位管風琴師。

被譽為「現代物理學之父」的愛因斯坦（1879－1955）Albert Einstein，創立相對論，榮獲1921年諾貝爾物理學獎。偶爾計算數學或解方程式時，他會透過演奏小提琴來思考。晚年熱愛室內樂，也經常演出公益音樂會，對巴赫和莫札特的音樂特別著迷。

我小時候，周末時家中常會舉行小型家庭音樂會，親人們各自演奏他們擅長的樂器，我則吹奏口琴，有時妹妹生病時，我會吹口琴給她聽。

Q：上高山、訪極地,都已達標，未來的挑戰計劃？

A：最近我造訪過希臘、伊朗等文明古國，今年3月我將去以色利和約旦、賽普勒斯。今年底或明年初，我期待挑戰以徒步的方式行走聖雅格朝聖之路（Camino de Santiago），這是歐洲中世紀第三大的朝聖之路，也是第一條登錄世界文化遺產的朝聖古道，從法國到西班牙，全程800公里。

現今行走Camino已成為歐洲文化的一種傳統，一種跨越宗教的旅行方式，一種生命洗淨和靈修探索的生活藝術，我現在已經開始展開自我訓練，每天行走一小時，希望將來可以踏上朝聖旅程。

（編者註：節目播出後，陳董陸續完成了以色利和約旦之旅，並為文報導，陸續發表在《講義》、《人間福報》上；可惜近兩年來，因膝蓋受損嚴重，遵從醫囑應避免長途步行，聖雅格朝聖之路至今仍是他的未竟之夢。）

| Part-4 |

創刊珍品 嘉惠東海

　　陳維滄董事長與東海大學有超過一甲子的情緣，1958年考進東海的這個新鮮人，一直嚮往成為作家。雖然聽從父親苦勸，捨棄中文系而就讀經濟系，卻仍不改文藝青年本色，常往文學院跑。因而聽了不少牟宗三、徐復觀、劉述先等教授的課。

　　另外，他秉承「勤、儉、忍」家訓，暑期參加東海工作營，服務偏鄉中小學，被校方選為勞作優良畢業生。他還擔任第三屆畢業紀念冊的總編輯，一人包辦了攝影、美編及文編，製作出有獨特風格的紀念冊；經濟系的他更懂得拉贊助廣告，使每位畢業生至少都獲得1本值得收藏的精美畢業冊。

　　在創業期間，他持續關心東海的學弟妹，並以父親之名，設立「景煌獎學金」，後來再以太太名字，捐設東海大學「Sumi研究室」。

　　始終喜愛閱讀的他，從學生時代就開始收藏華文雜誌的創刊號，幾十年下來，從兩岸往返頻繁的旅程中，總共收藏了早期中國大陸出版的期刊創刊號2500多種、台灣期刊創刊號1300種。

　　1997年，蘇正平先生（時任新聞局長）深切了解這批創刊號的價值，特別拜會陳董並取得授權，遴選出一批具代表性的「黨外刊物」創刊號，於國立台灣歷史博物館舉辦的《解嚴十周年紀念》的活動中陳列展出，立即引起廣大迴響；民視新聞台特別派記者報導創刊號特展。陳董低調不居功，另薦學弟司馬文武（時任《新新聞》董事長）代為引讀導覽。

　　這套珍貴的「文化財」，許多學校都想收藏，政大及世新大學甚至還開出了價碼求購；當時，東海大學的王亢沛校長鍥而不捨地多次造訪，請求割愛；誠心感動了陳董，2002年7月，他捐贈3800冊創刊

"WE ARE FAMILY"

號給母校圖書館典藏，使珍籍罕本有了最好「歸宿」，得以永續發揮最大價值，東海圖書館喜出望外。

創刊號，是一本雜誌或期刊針對創刊宗旨與風格走向，在深思熟慮後才鄭重發行；創刊號所登出的發刊詞或主編的話，代表著發行單位的形象或訴求主張；深具知識性、趣味性、審美性、藝術性、收藏性、娛樂性的多重文化價值，在研究歷史、佐證史實方面極具參考價值；有年代的串連起來，可寫成一部近代史。

針對陳董捐贈的這批珍藏，東海積極進行研究開發和運用，於2007年6月在圖書館4樓特藏室設專櫃展示。為了將價值發揮到最大化，東海斥資加以全部數位化，提供各學術研究單位參考；更於2021年11月1日東海大學創校66週年之際，舉辦「珍藏最愛第一聲：華文雜誌創刊號（1949-1987）」校慶特展，盼能呈現雜誌發展的歷程軌跡，回溯當代的文化風貌與人文故事。

東海大學「求真、篤信、力行」的建校精神，形塑出陳董追求真善美的人格特質；透過東海基本勞作教育，進而養成同理、負責、自律、關懷、合作等處事態度。多年來，他一直實質挹注善款支持母校。2022年2月授權給東海大學出版《旅行中看見真善美》，並拋磚引玉捐出700萬元作為清寒學生獎助學金，另捐贈600萬元修繕舊宿舍。在輯四中，我們分享東海情緣，展現出不忘初心的美好！

一直追夢的老頑童

東海大學經濟系 60 週年
傑出系友陳維滄的生命故事

文／江羚瑜
原載於《東海經濟系職場講義》/ 2015.11.02

我喜歡築夢，因為有了目標，生命才有方向，
不過夢想需要心思專注，全力以赴，
輔以堅強的毅力付諸行動，才能築夢踏實。

　　從台北市信義區陳維滄董事長的川流文化教育基金會辦公室，
透明大玻璃看出去，101摩天大樓近在咫尺，還有滿眼翠綠的公園景
觀，背倚象山的近百坪辦公室，只設6張辦公桌，偌大的空間觸目所
及，都是骨董藝術收藏品，還不時傳來悅耳的舒伯特音樂。精神奕奕
的他，談起精彩行旅，宛如攀登人生高樓，不曾停下腳步，起點回溯
到1957年，考上東海大學經濟系開始。

　　談及東海大學對他的影響，就像打開話匣子，臉上洋溢著欣喜

▲ 川流文化教育基金會辦公室有如一座小小美術館，一進門就有一尊價值不斐的真人比例西班牙鐵甲
武士，以及各類骨董家具，牆面擺設佛像、雕飾、名畫、裝置藝術等；桌面、椅面、地面也散置從全
世界各地收藏的大小動物文創藝品；還配備了一台電子琴，可讓文化聚會時，充滿美好的音樂。

的神情，「東海大學自由開放的學風，讓我拘謹個性豁然開朗，尤其勞作教育啟發我：工作無貴賤，腳踏實地，除了每週固定6小時打掃校園義務勞動，還申請工讀洗廁所彌補生活費，有兩次暑假還留校打工，籌措下學期的學費。」因為工作認真，還被推選為組長，1961年畢業時，被列為勞作優良代表。

賽伊法則　先馳得點

他強調在經濟系四年，學到最受用的觀念是：賽伊法則（Say's Law）供給創造需求的理論，因為生產者會以積極的心態，想方設法引導市場需求，這比消極的根據市場需求付諸生產，更能先馳得點；這是他經營企業的核心想法。

全台首創的通才教育讓他眼界大開，「我們在大禮堂欣賞莫扎特的〈小夜曲〉，打開聆賞古典音樂之門；跟隨很有天賦的劉述先老師學習理則學；還選修牟宗三、徐復觀教授的課程。」因為東海大學自由的校風，讓他寧可省吃儉用，把錢用在訂閱雷震發行的《自由中國》雜誌──當年最著名的黨外雜誌，後來被查禁。他投稿在香港發行的《民主評論》贊同胡秋原提倡的中華邦聯，受到情治單位注意後，曾一度被禁止出國。

大學時代的陳維滄，大膽創新及商業頭腦已嶄露頭角。訪談中，他提起大二與三位室友合資設計路思義教堂聖誕卡，還向全體師生推銷，賺取學費。

打開當年由他主編的畢業紀念冊，映入眼簾的不只是一張張大頭照而已，照片旁附有50字趣味小傳，這是他要畢業班同學交叉互寫的短文，還請天才橫溢的吳肇熙畫校園點滴的漫畫，更令人拍案叫絕的是，他發動同學拉廣告，此舉讓畢業生皆大歡喜，每人可依拉廣告的業績，至少可免費獲得一本厚達300頁的精美紀念冊。

在聯勤總部服預官役一年期間，是他這一生最快樂的時光，每周都能看電影，無憂無慮，日子很寫意；退伍後第一個工作在中國味精貿易公司上班，這是味全、味王、津津味素、中國發酵等公司合組的

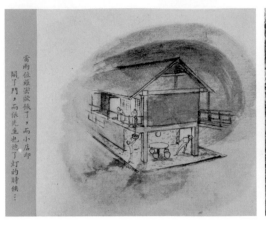

▲ 當兩位羅密歐餓了，而小店卻關了門，
張先生也熄了燈的時候……

▲ 東海大學男大生眺望女生宿舍

聯合外銷公司，壟斷式的寡占市場，待遇好，同事都是富二代，整天吃喝玩樂，毫無工作壓力，他覺得長此以往會虛度人生，經同學田弘茂的介紹，到騰勝貿易公司服務，老闆洪騰勝是田弘茂在長榮中學的高中好友，算是踏進社會的第一步。

服務至上　廣積人脈

騰勝公司初創只有老闆洪騰勝、陳維滄及薛君文。薛與洪是台大國貿系同學，三人土法煉鋼規畫出一套行銷策略，「我拎著英文打字機，騎著摩托車到全省推銷，三年下來因為售後服務好，與台大教授顏元叔、余光中、趙麗蓮博士等許多人建立良好交情。」

辛苦的推銷生涯，他也遇到一些貴人，如新竹中學校長辛文炳，很有親和力，邀陳維滄到校長室喝茶，並請幾位英文老師來看打字機；當時銘傳商專校長包德銘也特別通融，讓他在學生餐廳門口展示打字機，增加銷售機會，這些都是陳維滄覺得特別溫馨的回憶。

他說，職場生涯革命性的轉折發生在騰勝公司，他形容「跑業務是一場尊嚴徹底被摧毀的過程。」某次前往銘傳銷售打字機時，陳維滄竟然巧遇妹妹的同學，又是埔里同鄉，她問「你怎麼會在這裡？你賣打字機啊？」令他深感無地自容，恨不得找個地洞鑽進去，讀了四年大學，卻當推銷員。後來，他奉派去日本接受魔鬼訓練營，才逐漸磨掉他愛面子的個性。

此外，喜愛打棒球的洪騰勝（被封為「職棒教父」）組了「兄弟棒球隊」，洪是投手、陳擔任內野手，因為他個子不大，卻反應快，判斷力及應變能力敏銳，可以隨時觀察場內狀況，機動傳球；每兩個星期會與外商銀行或外國大使館比賽棒球，如此看來，陳維滄可算是第一代的兄弟棒球隊資深隊員。

企業管理　入門到精通

　　「在家靠父母，出外靠朋友」！1967年，陳維滄自立門戶創立亞典公司，並沒有向家裡開口，反而是向同學郭義明、林英雄、郭清水、詹逢星借錢，經營大理石工藝品製造批發和零售，業績僅次於國營事業榮民工程處，這些都是他生命中的貴人。

　　客戶本來以觀光客為主，後來與美軍顧問團交易，讓他有機會蒐集許多管理文件，在妹婿Shody周（英商太古洋行台灣總經理）協助下，建立一套企業管理SOP，比ISO-9000早了好幾年。

　　「毋做小國之王，寧當大國之臣。」亞典如日中天之際，陳維滄將公司出售給大東紡織集團，成立綜合貿易商——慶宜公司，成為全台第二大貿易公司，擔任首任總經理。從單一紡織品為主，跨足禮品綜合貿易；因一位日籍股東村上，他得以接觸日本嚴謹的管理制度，對經營企業更有心得。

　　因緣際會參加台北東區扶輪社（當年全國只有7個分社），他認識了各路英雄好漢，借鏡他們的成功之道，可是環顧社會菁英、大企業家，有不少社友活得似乎並不快樂，陳董事長開始思考「幸福之道何在？人生的真諦？」因此，周末熱衷參加儒釋道及各種哲學講座，或大量閱讀生死學書籍，追求身心靈平衡。前中央研究院院長胡適是陳維滄的偶像之一，胡與國學大師錢穆對禪宗推崇備至，認為禪宗是中國思想史、中國宗教史、佛學史上一個很偉大的運動，陳維滄曾師事南懷瑾老師、耕雲導師，想在學佛的路上有所精進。1982年，成立財團法人耕雲禪學基金會，擔任董事長；隔年，發行《中華禪學》雜誌，創風氣之先；為發揚樂教，還成立安祥合唱團，從《金剛經》、

《六祖壇經》摘句……，禮聘黃友棣教授譜曲，他的心願是以禪曲教化人心。

　　後因慶宜公司不斷增資擴張版圖，與他的理念漸行漸遠，決心分道揚鑣。

　　1981年，陳維滄創設谷威貿易公司，專營有收藏價值的精緻禮品，資深出版人郝明義主編的《2001》雜誌有一期就以＜谷威貿易，出口業的小巨人＞為封面故事。1986年，谷威貿易公司榮登台灣十大禮品業先進模範機構，管理雜誌社公布全台中小企業排行榜，谷威貿易公司排名第126名。

半百人生　勇於追夢

　　「在家靠父母，出外靠朋友」，陳維滄非常重視人脈維繫，他創辦谷威時，人脈發揮關鍵性力量。當時外銷接單利器TELEX，從申請到裝機上線，至少要等候10個月以上，因有扶輪社友幫他向交通部爭取，谷威10天就上線；公司的營利事業登記證，4天就辦妥。

　　眼見太多企業界朋友日以繼夜工作，把身體弄得不堪負荷，陳維滄不禁感嘆人生除了賺錢，生命還有什麼意義？「為誰辛苦，為誰忙？」始終在心頭盤桓不去。終於在50歲生日當天，婉拒家人擴大慶生的美意，獨自一人搭上飛機返回台灣，在4萬公尺高的太平洋上空，決定「見好就收」，從商場急流勇退，事業交棒給弟弟，正式離開職場。

　　經過一番尋尋覓覓，陳維滄終於擺脫商場的爾虞我詐，重獲自由走在他想要的人生道途上！1994年，他應邀率67位團員的安祥合唱團，參加北京第三屆國際合唱節，在北京音樂廳公開演唱。1989年，他將耕雲導師的《禪學講話》，透過北京三聯書店正式取得書號，公開發行《安祥禪》。

　　1991年，接受中國佛教協會會長趙樸初的邀請，他跟隨耕雲導師在北京大學、人民大學和社會科技院和中國佛教學院公開演講。受淨慧法師感召，1995年於河北省萬全縣興建了第一所希望小學--谷威小

學。1996年由今日中國出版社，發行王致遠先生主編的《名人學者話安祥》。2000年，在香港成立川流文教基金會，十多年來已捐助20多所希望小學及兩所中學。（編註：受少子化的影響，目前只剩川流中學，到2020年仍有1000位學生）。

細數陳維滄近年投身公益舉舉大者，包括：2002年，出版《飛鴻雪泥》攝影筆記書，為聖家獻修女會和香港慈恩基金會義賣籌募基金；2003年，捐款台灣公共電視台製作一系列報導兒童罕見疾病的節目《星星的秘密》。獨家贊助公視製作《和平風暴》CD，完整紀錄SARS的前因後果。2003年至2004年，兩度追隨天主教神父，前往廣東及雲南等與世隔絕的痲瘋村慰問痲風病人；2004年連續兩年贊助明理文教基金會，徵選全省模範青年活動；2004年、2006-2007年連續3年，贊助中央通訊社「曾虛白攝影新聞獎」；2011年3月，獲時報文化推薦以《那些極境教我的事》，代表時報文化角逐新聞局金鼎獎；同年亦獲選為《講義》雜誌年度最佳旅遊作家；2013年，《講義》雜誌再度推薦角逐《金鼎獎》，雖未得獎，但入圍即是極大的肯定。

時報文化出版社總編輯李采洪形容陳維滄董事長50歲退場，正是「刪除」過去，重新「開機」的人。當他的企業界朋友們，奔忙於兩岸間，為公司的生存和成長案牘勞形之際，陳維滄卻展開一場場人生壯遊：爬到5200千公尺高山上，只為親眼目睹聖母峰的絕美；守在極地的冰雪中，只為拍攝南極企鵝躍出水面的蓬勃激情，抓住北極瞬間的奇幻光彩。前新聞局長蘇正平也稱讚陳維滄具企業家的精實幹練，有藝術家的纖細敏銳，有探險家的敢於冒險犯難，有慈善家的悲天憫人情懷。

從事旅遊攝影近30年，陳維滄五探南極、六訪印度、新疆、北極、七到西藏、遠征喜瑪拉雅山、甚至到達爾文研究物種起源的加拉巴哥群島，一場場考驗體力的驚人壯遊。

問他遊遍世界之後，心中是否還有遺憾？他略帶落寞的說，「長跑名將林義傑邀我參加2011年『擁抱絲路』長跑活動，卻意外因腰傷中途退出；2010年，報名參加維京航空的遨遊太空之旅，因為同行的一對喜歡旅遊的夫婦臨陣喊卡，以及維京試飛的太空船遭墜毀之故，我只好打消念頭。」

珍藏最愛第一聲
台灣雜誌創刊號校慶特展開幕活動

文／王雅萍　圖／東海大學公關室
原載於《東海大學圖書館館刊》/校慶特刊 / 2021.11.15

今年（2021年）東海大學創校66週年之際，適逢臺灣文化協會成立一百年紀念，圖書館共同響應慶祝活動，特舉辦「珍藏最愛第一聲--台灣雜誌創刊號展（1949-1987）」。

此次主題特展的藏品來源乃是川流文化教育基金會董事長陳維滄校友（第三屆經濟系）長年珍藏之華文雜誌創刊號，亦是2002年贈予東海圖書館後的首次公開大型展覽。這批期刊雜誌創刊號，包含台灣與中國等地發行的刊物，計有三千餘種。

因收藏之刊物種類眾多，本次展覽主題以台灣戒嚴時期1949/05/20～1987/07/15所發行的刊物為主，挑選了3700餘種與「學報館刊」、「文藝創作」、「政論時評」、「藝術文化」等息息相關的主題，期能呈現雜誌發展的歷程軌跡，與其時代背景下的多元文化風貌。歡迎歷屆師生校友們一同透過創刊號之展出，回顧求學時期的各類雜誌風華與故事！

本展覽於11月1日上午11 時舉辦活動開幕式，由圖書館楊朝棟館長主持，校長王茂駿、川流文化教育基金會董事長陳維滄校友（第三屆經濟系）、社會科學院院長陳文典、校友總會會長李基正、TEFA副執行長李世堯、就友室主任蔡清檣、外文系講座教授何萬順，以及劉益充女士（第三屆政治系）等多位第三屆校友們蒞臨出席盛會。

圖書館楊朝棟館長在開幕引言時提到，本次展覽刊物都是陳維滄校友收藏30年以上的雜誌，且全數皆為難得的「創刊號」，正呼應著本展覽主題「珍藏最愛第一聲」。除了現場展出的部分創刊號刊物，目前圖書館也致力於將這些珍藏品加以數位化典藏，希冀更多師生得以藉此獲取豐富的學識資源。更感佩陳學長五度探訪南極、六度到訪北極、七度前往西藏，遠征喜馬拉雅山等，甚至到過達爾文研究物種起源地的加拉巴哥群島，完成一場又一場考驗體力的驚人壯舉，更是學子們值得學習堅毅精神的對象！

　　校長王茂駿致詞時表示，陳維滄校友為本校第三屆經濟系畢業，非常感謝2002年全數捐贈珍藏多年之華文雜誌創刊號給予東海大學。目前刊物都典藏於圖書館恆溫恆濕的善本書室外，也逐步將這些刊物進行數位化，以數位典藏方式呈現，今日能有機會在校慶之際展出亦是備感榮幸。陳學長年輕時多才多藝，創業後亦事業有成，中壯年時期急流勇退離開商場更成為探險家，四處旅行攝影留下豐富的紀錄，本次展覽中也有其大作展示。陳學長到處探險旅行，不僅要做足功課，更需要有強健的體能與毅力。多年來的翻山越嶺，極限挑戰，在每到達目的地時，能拍攝到珍貴的照片，更能感受上帝創造的美好，對人生有更不一樣的省思與新的心靈啟發。他也透過這些經驗的紀錄，再次回饋分享給眾人，讓我們一同感受這些大地之恩典。也勉勵學子們能以陳學長的勇於冒險，堅強毅力的精神，征服更多人生的高山、極地。

　　本次展覽受到陳維滄校友的人力支持，今日他在開幕致詞時談到，過去這一兩年來，因為疫情的關係大家都難以出門相聚，在第三屆校友們畢業後60年的此刻，一同返回母校慶祝66週年校慶備感欣喜。回憶起在東海大學的4年，是感到最寶貴的時光，尤其是受到勞作教育、參加工作營的經驗，以及通識教育課程等修習，這些身體力行的學習，通識課的文學、儒家思想課程的薰陶，都是人生影響至深的歷程。

　　正因為年輕時期喜愛閱讀、收藏刊物的嗜好，從台北的牯嶺街到北京的舊書店，從服役時期到創業商場，數十年來收藏了台灣與中國

3千8百多種（在圖書館學詞彙中稱雜誌單位為一[種]）雜誌創刊號。其中還曾經有人想開價10萬人民幣收購陳學長的某一刊物創刊號，台灣的其他大學院校也有意徵得這些刊物。最後是前校長王亢沛，三顧茅廬地拜訪深談，獲得陳學長的認同與感動，全數將畢生珍藏的雜誌創刊號於2002年7月捐贈與東海大學圖書館典藏。今日除了追念前王校長的伯樂之情，對於前人能創辦這些雜誌也是一種理想的實踐，此次能將這些歷史紀錄呈現展出，更是備感欣慰。

社會科學院院長陳文典，也提到經濟系校友有許多的企業家，但能跨文化、富有冒險精神四處壯旅的人為數不多。尤其陳學長又極富愛心，在中國設有多所小學、高中，致力於偏鄉教育，與我們平日鼓勵東海師生能將教育場域帶至偏鄉的理念一致。也期待陳學長未來能有更多機會回到母校，與更多學生們一同對談、交流分享。

活動尾聲，第三屆的中文系校友馮以堅老師亦致贈其墨寶予東海大學，為慶祝66週年校慶紀念。圖書館館長也代表圖書館致贈感謝狀及相關紀念品，感恩陳維滄校友的捐贈之情，以及對於母校長年的付出與關愛，致上最高的敬意。

創校66週年校慶特展的促成，得感謝陳維滄校友當年捐贈予圖書館如此豐富的期刊雜誌創刊號，可以讓學子們一窺台灣雜誌發展史的樣貌，尤其今年逢台灣文化協會成立100週年之際，亦是傳承文化與民主教育精神相呼應的時機。陳維滄校友捐贈予東海圖書館台灣發行的創刊號計有1310種，種類數量眾多。以戒嚴時期所發刊之刊物為界，可發現當時的政論時評、文學歷史蒐藏之重，甚至教育、科普、休閒類等也有相當之比例。礙於主題特展之故，暫以刊物內容類別數量較多者為展出對象。此次展出主題有：「學報館刊」、「文藝創作」、「政論時評」、「藝術文化」等四大類主題。特展展期至12月30日，歡迎全校師生、校友及各界人士前來參觀指教。

踏出自身之外
《旅行中看見真善美》讀後感

文／高鈺軒（東海大學中文系學生）

原載於《東海大學圖書館館刊》／ 2022.05.15

文學創建地方，地方創建文學，寫作不單單只是單純地在描繪地理景色、人文特色，同時也是在創造地方，是人與空間的呼應。當全球化席捲現代，漸漸使不同都市成為了相似的形狀，包覆所謂文明社會，喪失了文化獨特性，宛若藤蔓植物，柔軟而有意識的均質世界，吞噬歷史與地方。

書中作者所走訪的地方並非全球聞名的大都市，而是衣索比亞、伊朗、西藏等地，她們代表了人類所賦予的歷史之外，也代表她們自身存在的價值，旅行中體驗的地方節慶，希臘的灑粉節、帕托拉斯狂歡節、瑙薩面具嘉年華等，作者認真地探究其中的歷史與變化，這是人為自己所創造的地方，書寫時間並創造情感，又如伊朗的哈曼如今的用途僅剩參觀與餐飲的服務，這是人文的改變，是人選擇對過往作出的回應，但無論或悲或喜，或好或壞，人嘗試著去記憶、彌補、修正，對殘存在現代的亡魂致敬。

一、對生命最終的詮釋

作者在書中提到了兩種不同民族的死亡儀式，分別為印度教的火葬與西藏的天葬，從第1章便可以看見作者願意直視自己的死亡，在前往尼泊爾喜馬拉雅山登山健行前，事先擬好遺囑，交代事項清單，

在我們的文化中鮮少談論遺囑、葬禮等，死亡氣息卻像是蔓延在空氣中，是不可避免的歷程，生死議題從過去至今不斷被人所思索，人在時間長河中終將流向同一個終點，這個終點即死亡，可以說是神所給予每個人最公平的，最特殊的一項儀式，出生即走向死亡。

印度教的火葬儀式是直接赤裸裸的焚化，不同於台灣的火葬有棺木將遺體遮蔽住，進行火葬儀式時，親人們總朝那蓋得嚴實的設備喊著「火來了，快跑啊」，像是掙扎著作出對生命的妥協。但在印度教的儀式中，是可以直接看見火葬過程的，我總習慣那些被隱藏的，那些不願面對的，儘管明白肉體終會毀壞，在許多時候內心仍是未真正意識並且接受的，也因此在閱讀這些文字敘述是非常震撼的。作者描述：「被火燒斷裂的一截小腿掉落下來，主持火葬儀式者很自然地彎腰撿起那截小腿，一揚手又丟回火堆中。」（p29）以西藏天葬來說也是如此「藏族認為人死後施身，以食盡為吉祥」（p323）對他們而言，生命萬物隨自然時序造化，從何而來，從何而去，甚至連骨架和骨頭都砸碎施予，不曾留下任何一點痕跡，完全歸於自然，禿鷹被賦予為完成這項儀式的使者，靜靜等待。坦然視之，其實人不過是如期赴約，趕往下一場輪迴，奔赴自然萬物的遞嬗，也許將肉體的消逝視為常態，視為洗漱一般的日常，我們能更清澈泰然地正視死亡，無論火葬、天葬，他們都為生命作出了最好的詮釋。

二、影像與人的展示

我對其中的兩幀照片特別印象深刻，一為因油井燃燒廢棄的火光映照，而使沙漠染上一片殷紅色的影像，畫面裡看不見任何人的痕跡，卻在無形之中仍舊互相影響著，且足以將一整片沙漠渲染上鮮明的紅色，足夠詭譎，也足夠壯麗；第二者為痲瘋村裡的照片，那是我從來未曾接觸的，或者說被社會遺落出來的另一個世界，與先前的影像完全不同，沒有笑容，是悲傷、絕望，更多無法直視的痛。

「不管是眼明或盲眼，都散發空洞、渙散的神情，似乎生命對他們的磨難早已過了頭，再也難以知覺。」（p323）在自身的生命

之外，還有太多的磨難與痛楚是我們所不曾瞭解的。書中的每幅影像或鮮豔，或黑白，都正在向我展示著一些什麼，同時我也認為我被展示在這些畫面面前，記得在劉宸君所著《我所告訴你關於那座山的一切》有一句話是這樣的——「某些按下快門的瞬間，我突然覺得自己好像正在做什麼嚴肅的事」（p25）我認為拍攝這件事是具有某一種神聖性的，觀眾得以透過鏡頭的雙眼，看見作者所希望呈現的模樣，攝影者以相機作為媒介，以自己作為媒介，將一個瞬間凝滯，等待馴服世界的瞬間，與不同時空的我們遙遙相望。

　　無論是單純自然的壯麗，或是參雜著人文歷史色彩的風貌，都有那一個時刻的幽魂被牽引拉扯，在我們的耳邊無聲地喃呢訴說。

三、所謂文明

　　書中不斷提到信仰，這是一個非常巨大的原動力，就像描述藏民轉山的這段敘述：「面對轉山路途的艱辛，藏人無怨無悔，甚至以能

死在神山上讓眾神接引為榮。」（p249）這是一股源自內心的力量，並非來自外界任何壓力或包袱，縱使書中提到，釋尊出生地據說是最接近神的地方，但我想心是最具力量的，當人們聽從內心，足夠純粹地相信，那便是最接近神的地方。

不過，我時常感覺現今時代的我們離神靈越發遙遠……

「我們真是『文明』得太沉重！太牽掛！」（p189）這句，是作者前往馬來西亞沙巴的仙本那時，對比海邊光溜溜的孩子們所發出的感慨。他打破了詞性，更打破了那些文明的意象，我們總以為文明是好的，好似成為了一個走向光的人。但我想這都是相對的，在走向文明的同時我們為自己上枷鎖，為每個人套上模具，甚至有時看似文明的，不過是將人性的自私和惡劣裹上一層糖衣，藉文明之名為整個世界增添渾沌。

四、從世界凝視自身

在許多篇章中，作者終會返回到他自己、家鄉、臺灣，乃至於整個世界，進行思索與反思，在過程中總反觀自身所在，作者用他的心捕捉其地方的歷史和特殊性，從文字到影像，以此凝視自身及世界，用屬於自己的方式為地方寫下新的意義。

明明可以安逸地在生活裡打轉，但作者卻選擇踏出自身之外，選擇去碰觸那些生命，鮮活的、靜默的，跨出自己的板塊之外和世界連結。

旅行中看見真、善、美，他並非只選擇看見光鮮亮麗的一面，而是願意將整個世界囊括進自己身上，世界上並非僅僅存在真、善、美，而是作者選擇將一切藉由他的書寫、攝影，以及他的雙眼，來傳遞真、善、美。

實錄直書 識見卓絕
《旅行中看見真善美》讀記

文／吳福助（東海大學中國文學系退休教授）
原載於《東海大學圖書館館刊》/書評 / 2022.05.15

陳維滄（1937-），東海大學經濟系傑出校友，是台灣文化界名人，也是活力充沛的著名旅遊探險家、旅遊攝影家，曾十一次遠征南北極，七次前進西藏，足跡幾乎遍及寰宇。著有《飛鴻雪泥：旅程的邀約》（陳維滄攝影，洪文慶詩文／台北川流文化教育基金會，2002）、《夢想南極——荒冰野地的魅力》（山岳文化圖書公司，2004）、《那些極境教我的事》（台北：時報文化，2010）、《縱橫極地：陳維滄攝影集》（台北：台灣環境資訊協會，2013）、《魅力非洲：陳維滄攝影筆記》（台北：台灣環境資訊協會，2015）、《看見真實的北極：不老探險家帶你與北極熊相遇》（台北：時報文化，2017）、《鶴采——陳維滄攝影集》（台北：中華民國荒野保護協會，2021）。

　　最近，他又出版《旅行中看見真善美——探索人文國度‧走訪聖堂險地》一書，全書分為「探險」、「節慶」、「人文」、「伊朗」、「夢幻」、「佛國」、「生態」、「公益」8輯。輯下分為27節：1.尼泊爾登山；2.衣索比亞爾塔阿雷火山；3.衣索比亞達納基爾窪地；4.衣索比亞達洛爾；5.希臘加拉西迪灑粉節；6.希臘帕托拉斯狂歡節；7.希臘腦薩面具節；8.孟加拉宰牲節；9.希臘邁泰奧拉修道院；10.衣索比亞拉里貝拉岩石教堂；11.以色列風情；12.不沉死海；

13.波斯歷史；14.伊朗伊司法罕大巴札；15.伊朗清真寺；16.伊朗哈曼
（公共澡堂）；17.克羅埃西亞；18.馬來西亞沙巴東岸仙本那；19.熱
氣球飛行傘空拍；20.柬埔寨吳哥窟；21.西藏香格里拉；22.西藏布達
拉宮；23.西藏曬大佛；24.極地、非洲；25.苦行沙漠；26.西藏天葬；
27.廣西痲瘋村。

　　關於本書的內容特質及評價，書前已有7位名家寫的「推薦
序」，並於《東海大學圖書館館刊》第62期已分別作了摘述。以下謹
撮述個人讀後直觀印象，聊供參考。

一、寫作手法，符合「紀行文體」

　　常規關於「紀行文體」，筆者曾依據楊南郡翻譯日本鹿野忠雄
《山、雲與蕃人》（台北：玉山社，2000）分析説該書每篇依據具體
內容，分為若干節，每節又依據內容各加標題，並在節下分成很多
小段。其中每段三行（105 字以內）佔有四成，四行（140 字以內）
占有三成，二行（70 字以內）佔有二成，最為多見。由於行程匆
匆，所見景觀稍縱即逝，僅能捕捉其輪廓，把握其特徵而已，無暇作
長期追蹤式的細密觀察。表述於文章的結果，則是無論粗筆勾勒，或
是工筆細描，也都是高度集中濃縮，簡練而含蓄，頭緒不妨紛
繁，但卻只宜點到為止。這種文體應是依據旅遊行程
中所寫的「備忘錄」、「觀察日記」，略加潤

飾而成，是相當忠實於旅遊過程現場實況的紀錄，不濫作非屬事實的長篇鋪敘或誇飾，尤其不賣弄學科專業知識添加科學解說。

總結說：「這種文體出自機杼書寫性靈，寫作起來深淺隨意，如行雲流水，輕鬆愉快毫無壓力感，很值得現代喜愛旅行的年輕朋友學習。」（參見吳福助：〈臺灣高山紀行文學的經典巨著─鹿野忠雄《山、雲與蕃人》的高山自然生態描寫〉，收入東海大學中國學系編《臺灣自然生態文學論文集》台北：文津出版社，2002）。本書的寫作手法，基本上符合上述「紀行文體」常規，作者憑旅遊所見主觀印象，揮灑自如輕鬆書寫，適合現代讀者隨興批覽閱讀。

二、實錄直書，不加粉飾

「紀行文體」最可貴的品質，是真實。只有真實，作者抱持著對社會負責的態度，文章才具有說服力、感染力，才能發揮它的認識作用、教育作用、審美作用。內容真實的文章，根據旅遊所見所聞的實際情況，實錄直書，不加粉飾。因此，本書據實記錄，強調的基本風格是「質樸」，不淫巧侈麗，賣弄辭采。例如對沙漠之舟駱駝的描

寫：「駱駝可說是為沙漠運輸而存在的。牠們高大而又壯實的軀體，
馱負重物可達150 公斤；那大似蒲團的軟蹄和獨特步伐，能防止在走
動時陷入沙中，在流沙裡也安然行走；那有著密實睫毛的眼睛，在風
沙瀰漫中仍可辨路識途；鼻孔柔軟，關閉起來時可以防止塵沙灌入和
水分的大量消耗；渾身細長的絨毛，足以在沙漠中抗寒禦熱；強壯的
嘴和堅實的牙齒，可以嚼食粗糙帶刺的沙漠植物。稱牠們為『沙漠之
舟』，實在恰如其分。」（頁309-310）

這節解說，出自作者千辛萬苦的沙漠探險觀察經驗，相當準確
精約。如此真實的內容，不加誇飾，頗符合「紀行文體」的社會規範
要求。

本書由於取材豐富，文章風格因而也就多采多姿，除了「質
樸」基本風格之外，還有「綺麗」的一面，例如：「衣索比亞達洛爾
是這個地球上最熱地區……，遍布的硫磺池和鹽晶化石，瑰麗而奇
幻，行走其中，彷彿置身外星球。亮黃和橘紅的鹽晶，有如花朵綻
放，有的像草菇矗立，有的宛如珊瑚叢生；有的婉約綿延，有的崢嶸
清澈。鹽晶和水池相映成趣，既有超現實的虛實神秘，又有印象派的
光影朦朧，給我相當強烈的視覺震撼。」（頁48）

又有「勁健」的一面，例如：「走進清真寺祈禱廳，我看到清晨的陽光從外穿透過彩繪玻璃，如夢似幻地撒入室內，像萬花筒般繽紛的色彩倒映在波斯地毯上，形成了神奇的色彩和光影組合，有一種近乎天界的光芒。牆面上貼滿彩色的彩釉，是經典波斯風格的花紋裝飾，以粉紅、淡黃和寶藍色調為主，視覺上充滿了張力，在百餘年後，色彩依舊鮮麗。」（頁168）

「幾何圖形的花紋，是一種繁複而華麗的裝飾，在同一個平面中反覆運用，形成對稱連續和無限延伸的特色。對穆斯林來說，無數的幾何圖形組合，代表在可見的物質世界之外，還存在著無限的存在，象徵真主無限的、充滿寰宇的意涵。我屏氣凝神地欣賞，生怕錯過了一絲光影的交錯變幻。」（頁161）

「（伊朗）莫克清真寺，在陽光燦爛時展現自己最美的一面，隨著光影變幻，每一分每一秒都呈現出不同的夢幻般色彩。一百多年來，在古老都城中，獨自訴說著屬於自己的故事；在至高無上的殿堂裡，用最華麗的光與影，歌頌真主無邊的力量。」（頁165）總之，本書風格，隨著取材，繁複多變，猶如萬花筒般，初看似乎平實，而卻意蘊無窮，耐人再三誦讀，不覺厭倦。

三、善用「比較法」評述

「比較法」，是一種透過事務或事理之間的相同、相似、相異，進行觀察比較，從而說明彼此特徵的方法。作者旅遊世界，關心各個地方的風俗民情，善於選擇適當對象，建立參照系，從而進行比較。書中範例甚多，姑舉數例如下：

作者在衣索比亞拉里貝拉岩石教堂，描寫所見到當地的閱讀風氣，聯想到台灣民眾的閱讀習慣，從而比較說：「在教堂的其他角落裡，可以看見祭司和信眾們，或者隱身於狹窄走道上，或藉著後牆小洞口滲透進來的微光，捧著經書，琅琅誦讀，他們聚精會神地閱讀，完全不受外界和觀光客的干擾，好似千百年來他們只做這一件事而已。」又：「既使在教堂外面，放眼所及，不論是祭司或是聚在一起

的孩子們，老老少少無不沐浴在讀書的氛圍中，他們人手一冊，忘我讀書。相對於台灣，公車上、捷運上、火車上，有人在認真看書嗎？觸目所見，大都拿著手機，滑手機，可說是截然不同的境界。」（頁119-120）

作者認為只有追求真理，才能獲得智慧。而要追求真理，就得從閱讀著手。國際上，以色列和德國都是重視閱讀的國家，但是反觀台灣，目前的民眾閱讀習慣，根據聯合報系的報導，2018年台灣民眾閱讀行為調查，有超過40%受訪者表示，一整年沒看過一本書。相對於衣索比亞拉里貝拉，祭司和信眾對於閱讀的專注，不免要讓作者印象深刻，深感慚愧。

作者觀察哈瓦爾島的民居建築風格，聯想到台北觀音山的景觀，從而比較說：「一個地方的美學成就，常流露在生活的細微處。……哈瓦爾島上的住家，建築外觀和色調呈現和諧一致的整體性，擄獲旅人目光。看著哈瓦爾島上的民宅建築，我想到觀音山，當我們望向開闊的淡水河入海處，可以毫無遮蔽地一覽可親可愛的青山，這樣的美景曾吸引多少詩人墨客與畫家！而今，鐵皮屋、寺廟、納骨塔等雜亂散佈於山間，破壞了自然景致，讓人不禁慨歎，若我們的觀音山，能如哈瓦爾島上這般整體規劃，山、河、海加上美麗聚落，不知該會是如何的絕美勝景！」（頁180）

作者壯遊世界各地，心中念念不忘的還是台灣的教育制度、人文地理環境的觀察比較。上述衣索比亞岩石教堂民眾閱讀習慣、哈瓦爾島民居的整齊諧和建築風格，確實給我們很多啟發，引發深切反省。

四、圖文對應，創新攝影手圖法

作者是行遍天下，頗負盛名的攝影家。本書精選攝影照片400多幅，加上精簡生動解說，與文章內容緊密，相互對應，頗便利觀覽玩賞。書中敘述攝影辛苦經驗不少，例如：「多次涉險拍攝沙漠，體會到居高臨下，才能俯瞰全景，拍出立體感的畫面，而非平面的沙漠。為此，我得翻越一山又一山，爬上沙丘頂端。這樣的過程，10位隊友

中，只有5人勇於接受挑戰，等到登上高點，大多累癱了！」（頁288）

「對攝影者而言，有時最簡單的照片，反而是最難拍的。檢視我的作品，其中有一幅呈現布達拉全景的作品，表面看似靜態平凡，不過要拍出鬱鬱蒼蒼的青山綠樹環抱紅宮、白宮，且讓顏色和線條富於層次感，就得選定適當的地點，合宜的光線，才能得心應手。為此我爬上某五星級酒店20幾層樓高的地方，冒險倚靠圍牆，墊高拍攝。我們知道，光，最能夠『化平凡為神奇』，因此攝影家不斷追逐著光，我為了期待一道由天外投射而下的自然光，守候多時，皇天不負苦心人，終於捕捉到那『一剎那』，幸運入鏡。」（頁244）

書中很多照片都是作者廢寢忘食，鍥而不捨，苦心創造的成果，例如：罕見的金黃色光束投射在駱駝背部的「耶穌光」（頁299），以及油井燃燒廢氣火光映照出的「紅色沙漠」（頁300-302），都是不落俗套，別具巧思，令人嘖嘖稱奇，嘆為觀止的珍稀之作。

五、識見卓絕，引人深思

作者說：「不管到何地旅遊，我總會關心當地的社會經濟情勢，以及人民的生活狀態。」（頁208）作者懷抱追求真、善、美的崇高人類理想，秉持「慈悲佛心」，看待芸芸眾生，對於世界自然及人文環境的變遷，觀察入微，書中多有宏論，識見卓絕，發人深思。例如：「候鳥飛渡千山萬水，常逾數千公里，年復一年，從不懈怠也不迷航，箇中艱辛，人類很難想像！飛行中，團體規範紀律嚴明，井然有序，牠們誰在前？誰在後？如何行動？端賴『領頭鳥』與鳥群之間

自發性的默契和共識。人類社會依靠法律規章以維持秩序,但鶴鳥、候鳥並未發展出這種文明,何以能做到連人類都不一定能夠充分做到的事?成千上萬隻的鳥在空中卻不會相互碰撞,這是大自然生態中不可思議的一大奧秘!」(頁270)

「美國蓋洛普調查幸福指數報告,發現篤信宗教者才是幸福指數最高的一群,顯示若要有美好人生,就不能忽略精神生活的提升。而根據統計,諾貝爾獎自1901年至1996年間的639位諾貝爾獎得主,其中超過九成的得獎者有宗教信仰,難怪愛因斯坦會說:『我不能設想真正的科學家沒有這樣深摯的信仰。這情況可以用這樣一個形象來比喻:科學家沒有宗教就像瘸子,宗教沒有科學就像瞎子。』」(頁184)

「在以色列的家庭,小孩放學回家,媽媽問的第一句話並不是『你今天學到什麼?』『考了幾分?』而是『你今天在學校,問了老師什麼問題?』不斷提出問題,挑戰真理,鼓勵學生發問,保持好奇心,富有懷疑的精神,是以色列教育一大特色。」(頁131)

「朱光潛是中國談美學的泰斗,他對真善美的詮釋至今仍有深遠影響。其後,前北京大學校長蔡元培,以真知灼見大力提倡美學教育,但經過一百年,我們的美學素養仍然未見進展,社會的功利取向讓我們缺乏藝文的薰陶,政府高層不重視音樂、美術等教育,人民汲汲營營牟利,美的概念無法落實到生活之中,我們因而缺乏『美』的精神養分,也就談不上品味的培養了。如果連自己都無法擁有美的感受,無法維持美進而創造美,又如何吸引外人來看我們的『美麗島』呢?」(頁182)

總之,作者這部新著,是以異乎常人的膽識和毅力,歷盡千辛萬苦,從事寰宇探險旅遊的實況紀錄。整部書內容相當繁複,充滿創造性想像力,和創造性思維力,令人耳目煥然一新。作者博大胸襟,與灑脫酣暢的言詞融為一體。縝密細緻,多采多姿,氣勢磅礡,感情奔放,尤其格調昂揚,讀來頗多蒼茫浩然之感。這部書的廣受歡迎,行世久遠,即將發揮重大影響,是可以樂觀預卜的。

斜槓人生的典範

文／謝登元

　　陳維滄董事長的《那些極境教我的事》2010年8月在「時報文化」出版後，受到媒體的注目，行銷部門乘勝追擊，一連安排了電視台、報章雜誌、校園等50餘場的演講邀約，還不包括每天至少兩通電話的邀訪。其中55場的演講，他欣然接受。這段日子，他察覺原本生活的節奏和步調被打亂，例如：那年冬天成群的巴鴨（Sibirionettaformosa）將大舉南下韓國，自己卻受限於既定的演講行程而無法前往拍攝，心裡又著急又無奈。

　　受訪和演講讓平靜規律的生活變得忙碌，不再能掌控自己的時間，有鑑於此，後來的50多場企業、學校、公益團體邀約他大都婉謝，特別是扶輪社和獅子會每周例行餐會的餐後演講，只講20分鐘，就有車馬費3000元，他都婉謝了。他認為人活在掌聲中，容易迷失自我，除非是有利於社會或眾生，才會允諾受訪。

　　陳董從學生時期就展現了有創意的斜槓人生。考進東海大學經濟系時，為賺學費，腦筋竟動到校園市落成不久的路思義教堂上，他拍攝這個建築大師貝聿銘所設計的美麗東海地標，製作成精美的聖誕卡販售。還擔任畢業紀念冊的攝影、美編兼總編輯，獨創每位畢業生各有一則小傳，還發動同學拉廣告，因著贊助人的挹注，每位畢業生至少可免費獲得一本以上有收藏價值的畢業紀念冊。

　　就業、創業和50歲就從商場急流勇退後，他更是發揮斜槓人生的特質，成就了探險家／慈善家／安祥禪推廣者／樂教推廣者等多重身分，每個領域都做得有聲有色。

　　慈善公益方面：他在30歲創業時就和妻子同心發願，公司如有盈餘，至少撥10%以上奉獻社會。此後果然信守所願，數十年如一日，至今從未中斷。他響應大陸希望工程，在中國偏遠地區興建兩所中學

及22所小學，也關懷台灣的偏鄉教育。不管是SARS期間獨家贊助公共電視台製播《和平風暴》記錄片，或應邀至「衛生署疾病管制局」演講「從SARS談危機處理」；乃至2020年底COVID-19 新冠肺炎疫情大爆發、土耳其大地震、聯合國難民營援助，都可看到他急公好義的身影。

推廣樂教方面：他於1977年籌組「慶宜合唱團」參加中視「六燈獎」比賽連闖18關，奪得總冠軍！他創立的「安祥合唱團」1994年獲邀「北京第三屆國際合唱節」，登上北京音樂廳，成為兩岸開放後，台灣首次受邀到中國演唱的合唱團。2000年成立川流文化教育基金會後，更捐款扶植偏鄉成立的兒童合唱團、原住民合唱團及樂團，長期贊助兩廳院「藝術零距離」，以及台中歌劇院「藝企公益合作」計畫；甚至成立了「川流歌手」作公益演出，推廣樂教不遺餘力。

辦雜誌及出版方面：他成立谷威貿易有限公司，發行內部刊物《谷威人》，內容中英文並陳，創新又吸睛，使國內廠商、國外客戶及員工都受惠。最難得的是，當時流行一句話：「要害一個人就勸他去辦雜誌」，他卻以無比的魄力，創辦《中華禪學》雜誌，這一套雜誌，海峽兩岸如政治大學圖書館、北京社會科學院都全套典藏，重要性不言可喻。其中，漫畫家蔡志忠情義相挺，以精彩漫畫豐富佛學刊物的內容，更屬空前創舉。也因著王志遠教授廣邀大陸學者名人寫心得，集結出版了《名人學者話安祥》，使《安祥禪》在大陸推廣順利，甚至有政府高官說：「如果安祥禪在大陸繼續推廣，就不會有日後的法輪功了！」

寫作及攝影集：雖在商場上經營有成，他卻始終不忘年少的作家夢，以一介商人，筆耕逐夢，卓然有成。他出版的每一本書，無論是旅遊書、攝影集、筆記書大多以公益為目的，幫助慈善公益機構挹注善款，或是捐贈國內圖書館及大專院校圖書館，鼓勵學子熱愛閱讀、關懷生態；他的著作各領域名人、作家、學者，如：陳若曦、張曉風、黃碧端⋯⋯等全都讚譽有加，並寫序衷心推薦，我們特別收錄於本書中。

特別是《那些極境教我的事》當時引起廣大回響，「時報文化」

李采洪總編輯想打鐵趁熱，再推出陳董第二本書《鳥事一籮筐》，這時《鳥》書的20篇文章（4萬字），及數百張攝影作品早就準備就緒，如果一般人一定認為千載難逢，機不可失，但陳董卻毅然決定束之高閣，暫時擱置出版計畫，並親自寫信誠懇向李總編輯表達謙意。

當時他與時報文化總經理莫昭平也結下深厚友誼，數年後，莫昭平從總經理職務上退休，仍不忘鄭重交代繼任的總經理趙政岷要特別關注和禮遇陳董，莫昭平說：「為您出版的書，叫好又叫座，深以您為榮，您是我很欣賞的作者，如今我要異動，對您實感不捨，請讓我們保持連絡，繼續做好朋友。」甚至還親自帶著趙政岷總經理到川流基金會辦公室拜訪陳董。

面對這位一生精彩，閱歷豐富卻又低調謙遜的長者，想要整理他這一生的經緯、脈絡，恐非易事。但如果集合了他的貴人、親友、媒體人、讀者、粉絲的文章，從不同的角度、觀點，去素描他、解讀他、評價他，也許就可為我們架構出他築夢踏實、認真生活的種種面向，所謂「得道者多助」，本書收錄的所有文章，是陳董多年來努力付出所獲得的迴響與回饋，他常說「吃人一口，還人一斗」，這本書的出版，即是感恩之心的體現。

莎士比亞曾說：「生命短促，只有美德能將它流傳到遙遠的後世。」

陳維滄董事長斜槓逐夢，精彩絕倫的一生，透過眾多大善知識的分享，讓我們知道原來人是可以如此發光發熱地生活著；原來人只要發揮潛力，也可展現出無限的可能。

（本文作者為資深新聞人）

旅行中看見真善美
探索人文國度 走訪聖堂險地
陳維滄／文＆攝影

東海大學圖書館出版

▲ 2023年3月22日東海大學校友會東海書屋揭幕，陳董為東海書屋捐出私人近千本藏書，豐富館藏；在與開幕同時舉行的聯合文學書展中，現場亦擺設大型宣傳海報。

陳維滄歷年出版品

書籍類

2004
《夢想南極》
山岳文化圖書有限公司

2010
《那些極境教我的事》
Lessons I learned From The Polar Region
時報文化出版企業(股)公司

2013
《縱橫極地》陳維滄攝影集　Beyond The Horizon
社團法人台灣環境資訊協會

2017
《看見真實的北極》
不老探險家帶你與北極熊相遇
時報文化出版企業(股)公司

2022
《旅行中看見真善美》
探索人文國度 走訪聖堂險地
東海大學圖書館

2021
《鶴采》陳維滄攝影集
荒野保護協會

2022
《寰羽》陳維滄攝影集
荒野保護協會

筆記本

2002
《飛鴻雪泥》旅程的邀約
陳維滄的攝影筆記書
川流文化教育基金會

2015
《魅力非洲》
Africa-The Lost Eden
陳維滄。攝影筆記書
社團法人台灣環境資訊協會

2020
《雪泥鴻爪》
人生到處知何似 應似飛鴻踏雪泥
陳維滄的攝影筆記書
川流文化教育基金會

238

桌曆 / 月曆

2000
《絲綢之路》
谷威貿易(香港)有限公司

2008
《野性非洲》
奇奇禮品有限公司
谷威貿易(香港)有限公司

2013
《愛上北極熊》 Arctic Affair
桌曆（右）：奇奇禮品有限公司
谷威貿易(香港)有限公司
月曆（左）：川流文化教育基金會

2015
《美極‧亞得里亞海》

2018
《美極而思‧克羅埃西亞》
川流文化教育基金會

2018
《凝視‧悸動》
講義堂股份有限公司

2020
《鶴》
川流文化教育基金會

歡迎指正‧同道偕行～

擁有斜槓人生的陳維滄，2000年成立川流文化教育基金會；23年來，以豐富充沛的生命力，出版了10本登上暢銷書排行榜的旅遊書、讓人耳目一新的攝影集，以及美到讓人捨不得使用的攝影筆記書，來自各方的迴響，讓人深深感受「以生命影響生命」的寬闊廣遠！

此外，也幾乎每年都挑選當年壯遊的精彩攝影，設計成精美月曆或桌曆，贈予親朋好友，以文化好禮送上一整年的祝福！

陳董出版好書，完全不以營利為目的，常是為公益或慈善事業募款，並贈送各大圖書館，鼓勵閱讀，使每一出版品創造多贏，饒富深意，因愛而川流不息。

在回顧年度出版品的此刻，喜愛以文會友的陳董誠摯地邀約與讀者們互動，或能在大善知識中喜尋伯樂，或與普羅大眾、莘莘學子書結善緣！只要來函寫下讀後心得，即可獲贈陳董親簽好書乙本，數量有限，僅限前120 名，請把握機會！

來信請寄e-mail：tptmhk@hibox.hinet.net，或11059台北市信義區信義路五段150巷2號14F之7，期待與您悠遊天地，書海探微。

釀時代33　PC1102

 他們眼中的陳維滄

彙　　　編	川流文化教育基金會
攝　　　影	陳維滄
執 行 編 輯	謝登元、姜　捷
助 理 編 輯	陳婉貞
美 術 編 輯	陳羿每
責 任 校 對	韓竹平
封 面 設 計	王嵩賀

發 行 人	宋政坤
出版策劃	釀出版
製作發行	秀威資訊科技股份有限公司
	114 台北市內湖區瑞光路76巷65號1樓
	電話：+886-2-2796-3638　傳真：+886-2-2796-1377
	服務信箱：service@showwe.com.tw
	http://www.showwe.com.tw
展售門市	國家書店【松江門市】
	104 台北市中山區松江路209號1樓
	電話：+886-2-2518-0207　傳真：+886-2-2518-0778
法律顧問	毛國樑　律師
總 經 銷	聯合發行股份有限公司
	231新北市新店區寶橋路235巷6弄6號4F
	電話：+886-2-2917-8022　傳真：+886-2-2915-6275

出版日期	2023年5月　BOD一版
定　　價	390元

讀者回函卡

Printed in Taiwan

國家圖書館出版品預行編目

他們眼中的陳維滄 / 川流文化教育基金會彙編. --
- 一版. -- 臺北市：釀出版, 2023.05
　　面；　公分
　ISBN 978-986-445-817-2(平裝)

　1.CST: 陳維滄 2.CST: 傳記

783.3886　　　　　　　　　　　112006974